이 책은 저자가 그동안 살아오면서
각 분야에서 얻은 경험을 토대로 책의 줄거리를 만들었기 때문에
그 어떤 책보다도 처세의 지혜를 구하는 현실성이 뛰어나다고 할 수 있습니다.
우리 삶을 올바른 길로 안내하는 인생의 길잡이이자 멘토로서
처세의 근본이 되는 인성교육을 위하여 이 시대의
모든 이들에게 삼가 이 책을 권합니다.

삶의 지혜가 보이는 옛글

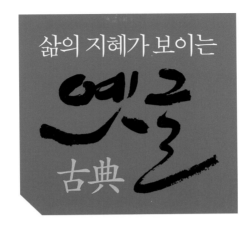

삶의 지혜가 보이는

옛글
古典

오동희 지음

한나래플러스

지은이 **오동희**

지은이는 충남 보령에서 태어나 공주사대부고와 경희대학교 영문과를 졸업했다. 1969년 국제상사에 입사해 30대 중반의 나이에 수입물자본부장을 지냈다. 1981년 프로스펙스(Brand Launching) 사업본부를 창설하여 3년여 만에 선발주자인 세계적인 브랜드 나이키를 앞서는 영업 신장으로 스포츠업계를 놀라게 했다. 1986년 전무이사로 퇴임하고 동조무역상사(주)를 창업했다.

삶의 지혜가 보이는 옛글

지은이 | 오동희
펴낸이 | 한기철
편집 | 이희영, 우정은, 이은혜
마케팅 | 조광재, 정선경

2013년 10월 15일 1판 1쇄 박음
2013년 10월 25일 1판 1쇄 펴냄

펴낸곳 | 한나래출판사
등록 | 1991. 2. 25 제 22-80호
주소 | 서울시 마포구 월드컵로3길 39(합정동 388-28) 합정빌딩 2층
전화 | 02-738-5637 · 팩스 | 02-363-5637 · e-mail | hannarae91@naver.com
www.hannarae.net

ⓒ 2013 오동희
Published by Hannarae Publishing Co.
Printed in Seoul

ISBN 978-89-5566-153-8 04190
        978-89-5566-151-4 (세트)

* 이 도서의 국립중앙도서관 출판시도서목록(CIP)은 e-CIP홈페이지(http://www.nl.go.kr/ecip)와 국가자료공동목록시스템(http://www.nl.go.kr/kolisnet)에서 이용하실 수 있습니다. (CIP제어번호: CIP2013020365)

옛글 속에 현재가 있다

이 책은 저자가 살아오는 동안 직장에서, 그리고 사업을 하면서, 또 동네 재개발사업을 통하여 인간사회의 천태만상을 보고 겪으면서 과연 현대인들에게 참된 세상살이가 무엇인지 고민하고 얻은 결과물입니다. 지난 2003년부터 동서양의 옛글과 속담 등에서 귀담아 두면 좋을 말들을 나름대로 정리해 이를 가까운 친지와 교우 80여 명에게 이메일로 보내온 것이 이 책의 시작입니다. 그동안 제가 보낸 글을 받아 본 지인들이 이 글들을 묶어 책을 내보라는 권유를 해주었습니다. 그래서 용기를 내게 되었습니다.

　- (주)유유산업 사장으로 계시던 강승안 박사님. 평생을 홍삼 연구와 은행잎 추출 혈액순환개선제 개발 등으로 국민 건강을 위해 많은 공을 세우신 분입니다. 정년퇴임에 즈음하여 마음의 갈등을 많이 겪으실 때 제 글을 받아 보시고 마음을 비우는 데 큰 도움이 되셨다는 말씀에 보람을 느꼈습니다.

－ 전 국회의원이며 정치평론가이신 정범구 박사님. 만날 때마다 제가 인용하는 글과 말에 늘 관심을 가져 주시고 '초야에 묻혀 있는 선사'라며 추켜세워 주신 것이 용기가 되었습니다.

－ 사법고시에 합격한 후 기업법 전문변호사로 활동하다가 현재는 서강대학교 로스쿨 교수로 학생들을 가르치며, 정부기관에 각종 자문을 하고, 여러 매체에 기업관련 칼럼을 쓰기도 하는 이상복 교수님. 강의 전에 학생들에게 제 글들을 읽어 주었더니 반응이 좋았다고, 모아서 책으로 내보라고 여러 번 권해 주신 것이 많은 힘이 되었습니다.

－ 장로교신학대학의 김운용 목사님. 2008년 말 국제상사 근무 시절 직장 후배였던 (주)스프리스 김세제 사장 퇴임식에 갔다가 갑자기 즉석 격려사를 부탁받고 사원과 내빈 앞에서 몇 마디 한 적이 있습니다. 이것을 듣고 계시던 목사님께서 제가 한 말을 적어 달라고 하시고, 장로교신학대학 학생들에게 특강을 해 줄 수 있느냐고 청해 주신 적이 있습니다.

－ 도올 김용옥 선생님의 연구실 '통나무' 출판사의 김은혜 편집부장님. 제가 무슨 말을 할 때마다 '어록'이라며 유쾌하게 웃으면서 받아 적곤 하던 일이 많은 힘이 되었습니다. 그리고 고전古典에 대해 문외한門外漢이던 제가 옛글에 관심을 갖게 된 것은 전적으로, 30여 년

친우親友 관계로 지내고 있는 도올 선생님 덕분입니다. 지금까지도 한 번 집필을 시작하면 4~5개월 두문불출하고 하루 3~4시간 정도 자면서 끊임없이 연구하는 선생님의 열정에 깊은 존경과 찬사를 보냅니다.

이렇게 많은 주변 분들의 사랑과 격려에 용기백배하여 지금까지 모아 온 글을 다시 정리하고 새로운 글을 더하여 《삶의 지혜가 보이는 옛글》을 세상에 내놓게 되었습니다. 다시 한 번 진심으로 감사의 말씀을 드립니다.

자연에서 배우고 그 이치를 터득하여 얻은 것이 동양의 고전이라면, 세상 속에서 경험을 통하여 배우고 터득한 것이 서양의 옛글입니다. 이 책에는 동양의 옛글인 《노자도덕경老子道德經》, 《논어論語》, 《대학大學》, 《중용中庸》, 《장자莊子》, 《맹자孟子》, 《한비자韓非子》, 《설원說苑》, 《채근담菜根譚》, 《현문賢文》, 《명심보감明心寶鑑》 등과 서양의 옛글인 이스라엘민족의 경전인 《탈무드》와 《이솝우화》에 나오는 주옥같은 지혜의 글들을 선별하여 담았습니다.

《탈무드》는 5000년 전부터 예수님도 인용한 유대민족의 계율戒律이며 교훈敎訓이요 생활의 지혜로, 오늘날 세계 경제를 주도하는 유대민족의 정신적, 인문학적 철학의 바탕입니다. 《이솝우화》는 기원전 6세기 고대 그리스 사모스 섬에 살았던 노예이자 이야기꾼인 '이솝'이

동물들을 의인화擬人化한 이야기로 오늘날에도 전 세계 어린이들의 인성교육을 위한 교재로 널리 쓰이고 있습니다. 그리고 기원전 고대 로마와 그리스의 옛 성현들과 기원후 옛 서양 석학들의 명언인 서양 속담들을 그 실명으로 담았습니다. 속담이 우리네 삶에 도움이 되는 것은 모두가 경험에서 얻어낸 삶의 지혜이기 때문입니다.

옛글은 우리 삶을 올바른 길로 안내하는 인생의 길잡이이자 멘토가 될 수 있습니다. 이 책에는 동서양의 지혜가 함축된 글들이 담겨 있기 때문에 독자들이 서로 비교하면서 쉽게 읽을 수 있습니다. 짧은 글들이지만 그 속에 우주와 같은 큰 세상이 들어 있고, 인생의 진리와 해학, 그리고 현대인의 현명한 처세를 위한 지혜와 교훈이 들어 있습니다.

세상을 살아오면서 잘못한 일, 후회스런 일이 많지만 그 일들을 바탕으로 이제는 무엇을 어떻게 해야 아름다운 삶일까에 대해 어느 정도 알 것 같은 나이가 되었습니다. 그리하여 후배들에게 또 제 손자 준석과 은수, 그리고 막내 손녀 태림에게 세상을 사는 데 도움이 됐으면 하는 마음에서 이 글들을 전하고자 합니다.

2013년 10월
저자 오동희

마당발 오동희를 말하다_이만재(카피라이터)

저자 오동희는 30대의 젊은 나이에 국내 굴지의 종합상사 본부장, 즉 부문장 CEO를 역임했다. 얼마 전까지만 해도 그의 직함은 '무역회사 사장'이었다. 그러나 내 머릿속에 고정관념으로 각인된 그의 정체는 넓고 멀리 보는 매의 눈을 가진 오지랖 넓은 '오야붕'이다. 작은 키와 단단한 체격인 그가 '오야붕'의 이미지를 가질 수 있었던 이유는 흔해 빠진 카리스마 때문이 아니라 끝 간 데 없는 포용력 때문이다. 나는 언제 어디서고 그가 자리한 곳의 좌중은 은근슬쩍 그의 것이 되고 마는 것을 보아 왔다. 키는 작지만 그는 '거인'이다.

술은 한 잔도 안 하는 사람인데 어느 술자리건 계산은 늘 자기가 잽싸게 하고는 당연한 척 태연하다. 거기에 하나 더 하자면, 무슨 자리든 밤 11시만 되면 어떤 일이 있어도 칼같이 자리를 뜬다. '오늘이 내일에 지장을 주어서는 안 된다.'는 것이 그의 생활신조이기 때문이다. 나는 30년 넘는 세월 동안 그가 실수를 하거나 실언을 하는 것을 본 적이 없다. 완고하리만치 자기절제가 몸에 배어 있고 게다가

술도 안 하는데 어떻게 그토록 폭넓은 주변관리를 할 수 있을까. 내 눈에는 이 점이 저자 오동희에 대한 미스터리의 핵심 중 하나로 비쳐 왔다.

몇 년 전이던가? 남산 하얏트호텔에서 그의 아들 혼인식이 있었다. 다양한 하객들의 정중앙에 뜻밖에도 저 유명한 도올 김용옥 선생이 있었다. 그날 도올은 사회자이며 동시에 주례였고 '도올 방식의 전통과 현대가 만나는 독특한 혼례행사인 원맨쇼'의 주인공이었다. 천하의 도올 선생이 스스로 대중 앞에 서서 그토록 흥미진진한 이벤트를 3시간 넘게 신나게 진행하게 만들 수 있는 사람을 찾으라면 적어도 대한민국 안에서는 오동희가 유일하리라. 이날 축가는 아시아 제일의 재즈가수 웅산이 불렀다. 축제를 방불케 하는 하객들 중에는 전현직 국회의원, 유명 영화감독, 탤런트, 가수 등이 포함된 대중예술인들과 알 만한 디자이너, 특히 일류급 패션모델들이 많이 보였다.

오동희의 신화는 대학을 졸업하고 국제상사에 입사하면서부터 시작되었다. 당시 국내외에서 한창 이름을 날리던 종합상사의 본부장으로 일하면서부터 각 분야에서 특출한 능력과 혁혁한 업적을 인정받아 국제상사그룹 경영의 중심에 서 있었다. 먼저 종합상사라는 곳은 지구촌 구석구석 국제 상업무대를 뛰어다녀야 하는 전쟁터라는 사실을 전제해야 한다. 시장을 꿰뚫는 직관력, 배포와 기민한 판단력과 추진력을 바탕으로 한 발군의 실적행진은 그를 약관 35세의 나이에 국제상사 임원의 자리에 오르게 했다. 그 후 그가 직접 출시한 '프로스펙스' 브랜드 런칭의 성공 실화는 아직까지도 스포츠용품업계에서 신화로 남아 있다.

그는 눈치와 두뇌회전이 빠르고 간결 무쌍한 말씨 또한 빠르다. 매사 간단명료하고 간결한 대화의 비결은 오동희 특유의 촌철살인적인 비유법과 직설화법에 있다. 그를 처음 만나는 사람이라 할지라도 30분만 함께 앉아 있으면 그의 독특한 화법에 금세 매료되어 같은 편의 지기知己가 되고 만다.

30년 넘게 관찰한 자의 자격으로 말하건대, 어떤 경우에도 그는 남에게 피해를 주지 않는다. 손해를 보아도 자기가 보고, 경우의 수가 애매할 때는 상대방에게 유리한 고지를 슬쩍 양보하고 베푼다. '오야붕'의 그릇 크기인 동시에 그의 주변에 늘 선남선녀들이 많이 모이는 이유이기도 하다. 그는 매우 독특하고, 투명하고, 날카롭고, 따스하고, 넉넉하고 크다. 얼음과 불, 칼날과 비단결, 그 모두를 겸비하고 세상의 균형을 리드해 나가는 '오야붕'이다.

"오랜만에 얼굴 좀 보자."거나 "밥이나 먹자."고 그가 전화를 걸면, 왜냐고 토를 달거나 이유를 묻지 않고 냉큼 달려와 줄 사람들이 상당수다. 재벌도 정당인도 아닌 자연인이지만 '오야붕'의 오지랖이라면 그 정도는 되어야 한다. 그가 바로 오동희이다.

저자 오동희의 새로운 진면목은 이제부터 다시 시작이다. 고전古典으로 통칭되는 동서양의 방대한 철학 경구와 옛글의 명언들에 심취하면서 근 10여 년을 친지들에게 이메일로 보내 준 그의 옛글 탐구 행보가 이윽고 책으로 완성된 것이다.

한 장 한 장 넘길 때마다 읽는 이는 슬쩍 무릎을 치게 되고, 누웠던 이는 슬그머니 일어나 앉게 된다. 은근히 뒤통수를 얻어맞거나 이성의 사각지대를 찔리기 때문이다. 고전의 위대함은 짧은 글 속에서 책 한 권보다 더 크고 넓은 세상을 보게 하는 직설과 정곡을 찌르는 순결한 지혜의 힘 때문일 터이다.

한 마디로 현대인의 반듯한 삶을 위한 방대한 교과서로 저자가 살아온 실생활에서 얻은 경험을 토대로 책의 줄거리를 만들었기 때문에 그 어떤 책보다도 처세의 지혜를 구하는 현실성이 뛰어나다고 할 수 있다. 현대인의 올바른 '삶의 길잡이'이자 '멘토'로서 처세의 근본이 될 인성교육을 위하여 이 시대의 모든 이들에게 삼가 이 책을 권하고 싶다.

---

*__이만재__는 우리나라 광고계의 제1세대 카피라이터이다. 서울카피라이터즈클럽(SCC) 회장을 역임했으며 대한민국광고대상 심사위원, 한국방송광고대상 심사위원, 공익광고 심의위원, 조선일보, 한겨레, 경향신문, 국민일보 광고대상 심사위원을 역임했다. 저서로 《실전카피론 1,2》, 《카피라이터 입문》, 《막쩌낸 찐빵》, 《카피라이터의 술잔》, 《서서 자는 사람들을 위한 축복》 등이 있다.

차례

1

사람은 누구나
재능을 가지고 태어난다

하늘은 녹(복)이 없는 사람을 낳지 아니하고, 땅은 이름 없는 풀을
키우지 않는다. 사람은 누구나 제각기 다른 재주를 가지고 세상에 태어나기 때문에
자신이 좋아하고 자신이 더 잘할 수 있는 자신의 특성을 찾아내야 한다.

저마다 타고난
복이 있다

사람은 누구나 저마다 각기 다른 재주를 가지고 세상에 태어나기 때문에 자신이 좋아하고 더 잘할 수 있는 특성을 찾아야 한다. TV에 나오는 달인들처럼 한 가지 일을 열심히 오래 하다 보면 보통 사람의 능력을 훨씬 뛰어넘는 재주를 갖게 된다.

하늘은 녹(복)이 없는 사람을 낳지 아니하고,
땅은 이름 없는 풀을 키우지 않는다. —**《명심보감》**
天不生無祿之人 地不長無名之草 천불생무록지인 지부장무명지초

미국의 맹인 천재 가수 스티비 원더는 빌보드 차트 10위권 안에 든 히트곡이 30곡이 넘고 총 21번의 그래미상을 수상했다. 또 로큰롤 명예의 전당(1989)과 작곡가 명예의 전당(1983)에도 올랐다. 그는

어릴 때부터 피아노, 하모니카, 오르간, 베이스 기타, 콩가, 드럼 등의 악기를 자유자재로 연주한 것으로 유명하다. 그러나 이보다 더 중요한 것은 영혼이 깃든 그의 목소리가 많은 사람들의 심금을 울렸다는 점이다. 만일 시력을 잃지 않았다면 그의 목소리에 그만큼의 깊은 영혼이 실리지 못했을 것이다.

아이들과 자손들은 그들대로 타고난 복이 있다.
그들을 위하여 말이나 소가 되지는 말라. —**〈현문〉**
兒孫自有兒孫福 莫與兒孫作馬牛 아손자유아손복 막여아손작마우

자식들은 그들 나름의 복을 가지고 태어난다. 스스로 노력해서 자기 자신의 인생을 책임지고 살아나가야 행복하게 살 수 있다. 부모가 물려준 어설픈 재산이 오히려 그 자식을 나태하게 만들 수 있다.

장자가 이르기를, "물오리는 비록 다리가 짧지만 그것을 늘리면 괴로워하고, 학은 다리가 길지만 그것을 잘라 버리면 슬퍼한다. 그러므로 본래부터 긴 것을 잘라서는 안 된다. 태어난 그대로에 만족하라. 그것이 본성本性이요, 자연自然이다. 세상에는 단지 하나의 성공이 있을 뿐이다. 그것은 자기 인생을 자기가 선택한 방식대로 사는 것이다."라고 하였다.

가장 바른 길을 가는 사람은 태어난 그대로의 참모습을 잃지 않는다.

길어도 여분으로 여기지 않으며, 짧아도 부족하다 여기지 않는다.

—《장자》〈외편 변무〉

彼至正者 不失其性命之情 피지정자 불실기성명지정

長者不爲有餘 短者不爲不足 장자불위유여 단자불위부족

이솝우화 **분수 모르는 당나귀**

어떤 주인이 당나귀와 강아지를 함께 키웠는데 강아지는 주인에게 재롱을 부리면서 늘 놀고 먹고 당나귀는 밤낮 없이 일만 해야 했다. 강아지가 부러운 당나귀가 어느 날 강아지처럼 꼬리를 치며 재롱을 부리다가 주인이 식사하던 식탁에 발을 얹고 말았다. 식탁이 뒤집혀서 주인이 위험해지자 하인들이 몽둥이로 당나귀를 마구 때렸고, 당나귀는 다시는 일어날 수가 없게 되었다. 당나귀는 마지막 숨을 몰아쉬며 이렇게 말했다. "나는 왜 내 분수를 모르고 강아지 흉내를 낸 것일까!"

사람은 누구나 고유의 가치를 지닌 소중한 존재다. 당신이 사회에 기여하는 것이 무엇이든 관계없이 당신은 당신만의 가치와 사명을 가지고 태어났다. 자신의 삶의 자리에서 자신에게 주어진 일, 자신이 잘할 수 있는 일에 성실히 임할 때 우리는 각자의 행복을 찾을 수 있다.

하고 싶은 일에
인생을 투자하라

내가 좋아서 즐기며 할 수 있는 직업을 택하면 평생 힘들게 일하지 않아도 된다. 그 일 자체가 즐거움이기 때문이다.

러시아 작가 막심 고리키Maksim Gor'kii는 "일이 즐거우면 세상은 낙원이요, 일이 괴로우면 세상은 지옥이다."라고 말했다.

> 스스로 선택한 짐은 무겁게 느껴지지 않는다. —**서양 속담**
> A burden of one's own choice is not felt.

일은 축복인 동시에 사람을 사람답게 하는 힘이다. 누구나 자기가 좋아하는 일을 해야 행복하게 잘 살 수 있다. 일하는 사람에게는 힘이 있지만 게으른 사람에게는 힘이 없다. 세상은 열심히 일하는 사람들이 지배한다. 자신이 즐겁고 원하는 일을 하는 것이 행복이다.

좋아하며 즐길 수 있는 직업을 택하면
평생 힘들게 일하지 않아도 된다. —**서양 속담**
Choose a job you love,
and you will never have to work a day in your life.

내가 하고 싶어서 선택한 일은 비록 실패하더라도 포기하지 않고
다시 일어설 수 있다. 그러나 내가 선택한 일이 아닌 경우에는 쉽게
포기하고 오래 지속할 수도 없다.

성공의 척도는 자기만의 방식대로 삶을 살아가는 것이다. —**서양 속담**
The measure of success is living your life in your own way.

자신이 할 수 있는 일보다 할 수 없는 일을 알아차리는 것이 현명
한 것이다. 고시에 합격하고, 유명한 음악가가 되고, 거창한 사업을
벌이는 것만이 성공이 아니다. 내가 할 수 있는 일, 내가 해서 즐거운
일을 하는 것이 성공이다. 아무리 큰 저수지라도 심한 가뭄에는 물
이 말라 바닥이 드러날 때가 있다. 그러나 깊은 산속의 옹달샘은 아
무리 가물어도 맑은 샘물이 계속해서 흐른다. 작지만 옹달샘 같은
'자신만의 일'을 찾을 때 진정 인생이 즐거워질 수 있다.

모든 인간은 자기 운명의 개척자다. —**아피우스 클라우디우스 카에쿠스**[1]

Every man is the architect of his own fortune.

모든 것이 크다고 다 좋은 것은 아니다. 명동의 어느 지하상가 한 구석, 한 평도 채 안 되는 좁은 공간에서 50여 년 동안 구두를 수선하던 할아버지가 있었다. 1960~1980년대 외제 구두에 고무창을 덧대는 기술로는 이 할아버지가 가장 유명했다. 접착제를 바르다 엄지손가락 지문이 없어지기까지 한 할아버지는 자신은 총리보다 행복하다며 자랑하곤 했다. 총리를 했다면 벌써 집에서 쉬고 있을 텐데, 아직도 즐겁게 일할 수 있고, 자식들보다 수입도 더 많다고 자부심이 대단했다. 무조건 크다고 좋은 것이 아니다. 작은 것이 아름답다. 이 할아버지의 삶이야말로 성공한 삶이 아닐까.

좋아서 하는 일은 이미 반을 이룬 셈이다. —**서양 속담**

That which a man likes is half done.

진정으로 좋아하는 일, 진짜 잘할 수 있는 일, 평생을 즐겁게 할 수 있는 일에 모든 정신과 정성과 에너지를 쏟아 남다른 노하우를 개발하고, 그 기술과 능력을 인정받으며 살 수 있다면 그것이 바로 성공한 인생인 것이다.

---

[1] 아피우스 클라우디우스 카에쿠스Appius Claudius Caecus(BC 4세기 말~BC 3세기 초). 고대 로마의 정치가. '장님 아피우스'로 알려짐.

성공이란 당신이 하고 싶을 때
좋아하는 사람과 하고 싶은 일을 마음껏 하는 것이다. —**앤소니 로빈스**[2]
Success is doing what you want to do, when you want,
with whom you want, as much as you want.

사람은 일을 해야 건강하고 행복도 기쁨도 얻는다. 내가 즐겁고
원하는 일에 종사하는 것이 행복의 비결이다.

개구리에게는 황금의자보다 연못 속이 더 좋다. —**서양 속담**
The frog will jump back into the pool,
although it sits on a golden stool.

다재다능한 사람보다는 한 우물을 끝까지 파는 사람이 자신의 분
야에서 빛과 소금의 역할을 하고, 더 나아가 세상을 이끌어 나간다.
조치훈 9단은 6세 때 일본으로 건너가 끊임없이 한 길에 몰두한 결과
도일 49년 만에 일본 프로바둑 최다승 신기록을 달성했다. 한 마리
토끼라도 손 안에 제대로 잡아야 성공할 수 있다.

일자리가 있는 사람은 누구에게나 기회가 있다. —**엘버트 G. 허바드**[3] 〈경구집〉
Any man who has a job has a chance.

---

[2] 앤소니 로빈스Anthony Robbins(1960~). 미국의 유명 자기계발전문강사.
[3] 엘버트 G. 허바드Elbert Green Hubbard(1856~1915). 미국의 작가, 출판인, 예술인, 철학자.

자두나무에서는
사과가 열리지 않는다

사과가 맛있다고 자두나무에서 사과꽃을 피울 수는 없다. 각자 자신만의 독창적인 특성을 찾아내어 그 길을 가야 한다.

자두나무에서는 사과가 열리지 않는다. —**서양 속담**

There is making no apples of plums.

아무리 좋은 배나무라 하더라도 배 이외의 다른 열매는 열리지 않는다. 다른 사람과 비슷한 재능을 갖고 있다면 어떤 면에서는 무능한 것일 수 있다. 남을 모방하지 말고 크든 작든 나만의 독창적인 노래를 불러야 한다. 프랑스 작가 프랑수아 드 라 로슈푸코가 한 말이다.

풀명자나무, 배나무, 감귤나무, 유자나무가 다 같은 것이다.

그 맛은 각각 달라도 사람의 입맛에는 모두 맞는다. —《장자》

其猶柤梨橘柚邪 其味相反而皆可於口 기유사리귤유사 기미상반이개가어구

크고 작은 과일나무는 저마다 열매도 다르고 맛도 다르지만, 그 맛은 나름대로 사람들의 입맛에 모두 맞는다. 우리가 업으로 삼은 일 또한 귀천이 없으며, 어떤 직업이든 세상에 필요한 일이다. 사람은 저마다 쓰임새가 있다. 다만 그 용도를 제대로 찾으려면 시간과 노력이 필요할 뿐이다. 한 가지 일을 천직이라고 생각하고 온 정신을 쏟아 지속적으로 하다 보면 누구나 그 일에서 독창적인 경지에 오를 수 있다.

지혜로운 사람에게도 한 가지 부족한 것이 있고,

어리석은 사람에게도 한 가지 뛰어난 것이 있다. —《사기》

智者千慮必有一失 愚者千慮必有一得 지자천려필유일실 우자천려필유일득

세상의 만물은 각기 자신만의 독특한 특성을 가지고 세상에 태어난다. 벼룩은 자기 키의 수백 배를 뛰는 재주를 지녔지만 높은 담은 뛰어넘지 못하고, 굼벵이는 땅에서 단 1 mm도 자신의 몸을 띄우지 못하지만 높은 담을 기어올라 넘는 재주가 있다. 세상의 모든 이름 없는 잡초도 자신만의 독특한 약성을 지니고 있다. 단지 뒤늦게 발견되거나 아직 드러나지 않았을 뿐이다.

세상은
나의 거울이다

내 눈으로 세상은 볼 수 있지만 내 얼굴은 볼 수 없다. 세상 사람들의 눈은 내 모습 그대로를 볼 수 있는 나의 거울인 셈이다.

> 이웃은 자신의 모습을 비춰 주는 거울이다. — **제임스 하우얼**[4] **《격언집》**
> Every man's neighbor is his looking-glass.

영국의 세기적인 극작가 윌리엄 셰익스피어William Shakespeare는 "세상은 무대요, 우리 모두가 배우이고, 세상 사람들 모두가 우리의 관객이다."라고 했다. 연극무대에 선 배우들의 독백이나 작은 동작 하나까지도 관객들은 볼 수 있듯이, 우리가 사는 세상은 우리의 거울과 같다.

---

[4] 제임스 하우얼James Howell(1594~1666). 17세기 영국의 역사학자, 작가.

지혜로운 삶을 사는 사람은 주위 사람들의 충고나 비판을 겸허히 받아들인다. 거울 속의 내 얼굴을 보고 바르게 고치듯, 다른 사람의 충고를 받아들여 나를 바로잡아야 한다. 다른 사람에게 신뢰받는 사람, 필요한 사람이 되는 것이 바른 삶이다.

내가 산 어제가 오늘이고, 오늘이 바로 미래가 되어 내일로 다가오는 것이 세상의 이치이고 순리이다. 오늘 이 순간의 삶이 그대로 나의 과거가 되고 미래로 연결되는 것이다.

탈무드 **위대한 랍비 아키바**

아키바가 임종할 무렵 그의 아들이 말했다. "아버지 친구분들께 제가 얼마나 우수한 모범생인지를 말씀해 주십시오." 아들은 꽤 우수한 젊은이었으나, 아키바는 이렇게 대답했다. "아들아, 나는 너를 추천할 수 없구나. 왜냐하면 너에 대한 소문이 가장 좋은 소개장이니까 말이다. 평판이란 것은 수천 장의 소개장을 세상에 뿌리는 것과 같단다. 업적을 소문만큼 웅변해 주는 것은 없다. 그 소리는 넓고 높게 퍼지는 것이란다."

세상은 거울이다.

찌푸리면 거울도 찌푸리고, 웃으면 거울도 웃어 준다. —**허버트 새뮤얼**[5]

The world is like a mirror; frown at it, and it frowns at you.

Smile and it smiles, too.

---

[5] 허버트 새뮤얼Herbert Samuel(1870~1963). 영국의 정치가.

신뢰와 신용이
관계의 바탕이다

신뢰는 모든 관계의 근본이다. 신뢰가 신용을 낳고 신용이 인간관계
의 바탕이 되는 것이다.

사람이 믿음이 없으면 온갖 일이 모두 거짓이 되고 만다. —**《현문》**

人而無信 百事皆虛 인이무신 백사개허

마틴 부버[6]의 저서 《나와 너》에서는 '관계'의 중요성을 강조하며
인간의 존재와 삶의 의미를 그 안에서 찾고자 했다. 부버는 '모든 참
된 삶은 만남'이라고 주장하며 '나와 너'의 관계는 인격적으로 마주
하는 관계로서 무엇과도 바꿀 수 없는 유일한 '나', 그리고 역시 무엇

---

[6] 마틴 부버Martin Buber(1878~1965). 오스트리아 빈에서 태어난 유대인 사상가. 저서로 《인간
문제》(1948), 《유토피아의 길》(1950), 《사회와 국가》(1952) 등이 있다.

과도 바꿀 수 없는 '너'가 신뢰 속에서 존재한다고 했다.

> 신용을 잃은 사람은 더 이상 잃을 것이 없다. —**푸블릴리우스 시루스**[7] **〈금언집〉**
> He who loses credit can lose nothing further.

TV의 〈세상에 이런 일이〉라는 프로그램을 보면 이와 유사한 이야기가 자주 나온다.

산속에 살고 있는 할아버지가 어느 날 아주 희귀한 산새 한 쌍을 발견하곤 그곳에 새집을 만들어 주었다. 그리고 그 새집을 해마다 조금씩 자기 집 가까이로 옮겨 놓았는데 몇 년이 지난 지금은 자기 집 앞마당 큰 나무에서 그 새들이 살게 되었다고 한다.

다람쥐는 경계심이 많은 동물이다. 서울 근교 어느 등산로에서 땅콩을 파는 아저씨가 근처의 다람쥐에게 1년 넘게 땅콩을 주었더니 이제는 부르기만 하면 어디선가 금방 나타나서 아저씨 손바닥에 올라가 땅콩을 먹고 가는 이야기도 소개되었다.

탈무드　**인간관계**

자신을 신뢰할 수 있는 사람만이 남에게도 성실할 수 있다. 부드러운 말과 정성을 다하는 마음으로 상대방을 대하면 머리카락 한 올로도 능히 코끼리를 끌 수 있다.

---

[7] 푸블릴리우스 시루스Publilius Syrus(BC 85~BC 43). 고대 로마시대의 저명한 명언·명구 작가.

신뢰란 순수하고 진실한 마음으로 상대방을 대할 때 생겨나는 믿음이다. 세상의 모든 인간관계나 일은 하루아침에 이뤄지는 것이 아니다. 서서히 신뢰를 쌓으며 다가갈 때 관계가 두터워지고 풍성한 결실을 맺을 수 있다.

만약 믿음이 따르지 않는다면 아무리 굳은 약속도 소용이 없다. —《춘추좌씨전》
苟信不繼 盟無益也 구신불계 맹무익야

신용과 신뢰는 한순간에 쌓이고 얻어지는 것이 아니다. 오랜 시간 서로의 마음을 읽고 교감하여 소통이 확인된 뒤에 얻어지는 것이다. 신용과 신뢰는 이렇듯 긴 시간을 통해 형성되는 것이지만, 한순간의 실수로 허물어지기도 한다. 그러나 그 속에 순수성과 진정성이 담겨 있다면 어떤 경우의 실수든 용서되고 용인될 수 있다. 사람의 됨됨이는 순수성과 진정성에 근거하고 인간관계의 깊이는 그에 따라 더해 간다.

이솝우화 까치와 까마귀

까마귀는 미래에 일어날 일과 그 조짐을 알려 주는 까치가 부러웠다. 그래서 까치처럼 인정받고 싶은 마음에 사람들이 지나가는 길목의 나무 위에 앉아서 큰 소리로 울어댔다. 그러자 행인들이 그 소리를 듣고는 실망스럽게 말했다. "자, 가던 길을 계속 갑시다. 저 소리는 미래를 말해 주는 소리가 아니라 듣기 싫은 까마귀 소리일 뿐이오."

_신뢰와 신용은 하루아침에 생기는 것이 아니다.

신용이
생명이다

철강왕 앤드류 카네기를 모르는 사람은 거의 없지만 그의 어머니는
잘 알려지지 않았다. 다음 일화는 많은 것을 느끼게 한다.

앤드류 카네기는 스코틀랜드에서 태어났다. 열세 살 때 그의 부모는 미
국으로 건너가기로 결심하고 뱃삯을 준비하기 시작했다. 카네기의 어머
니는 팔 만한 것은 모두 내놓은 상태였지만 20파운드가 부족했다. 친구
인 핸더슨 부인을 찾아갔는데 부족한 뱃삯을 흔쾌히 내주어 카네기 가족
은 무사히 미국에 갈 수 있었다. 미국에 도착한 후 카네기 어머니는 제일
먼저 주머니 하나를 마련했다. 그러고는 품삯을 받아오면 늘 50센트씩
을 넣었다. 몇 개월이 지난 어느 날 어머니는 기쁨의 환성을 터뜨리면서
카네기에게 말했다. "애야, 오늘은 내게 최고의 날이란다." 카네기가 그
이유를 묻자 어머니는 "핸더슨 부인에게 꾼 돈을 오늘 드디어 갚을 수 있게

되었구나. 빚을 갚게 된 것만큼 기쁜 일이 이 세상에 또 어디 있겠니?"
라고 답했다.

카네기는 어린 시절부터 어머니에게 '신용과 감사 그리고 은혜'에
대해 배웠다. 남을 속이면 자신의 신용과 신뢰를 잃게 된다. 누구든
한 번 속으면 그 다음부터는 속지 않으려고 그 사람을 기피하게 되고
사실을 말해도 믿으려 하지 않는다. "물에 덴 고양이는 찬물도 겁낸
다."라는 속담처럼 지레 겁먹고 그 사람을 경계하게 된다.

> 사람은 신의가 없으면 아무 데도 쓸모가 없다. —《논어》
>
> 人而無信 不知其可也 인이무신 부지기가야

이솝우화 **늑대와 양치기 소년**

어느 양치기 소년이 장난삼아 "늑대요 늑대!"라고 소리치자 동네 사람들이 놀
라 모두 뛰어왔다가 헛걸음을 하고 돌아갔다. 며칠 후 다시 "늑대요 늑대!" 하고
소리치자 이번에도 역시 동네 사람들이 뛰어왔는데, 소년의 장난인 것을 알고
는 화를 내며 돌아갔다. 그러던 어느 날 소년은 양떼 속에서 진짜 늑대를 발견
하고는 도와달라고 소리를 질렀다. 하지만 동네 사람들은 이번에도 또 장난인
줄 알고 아무도 도우러 가지 않았다.

> 개인의 신용은 재산이다. —주니어스 《서간집》
>
> Private credit is wealth.

복은
내가 만든다

우리는 흔히 베푸는 마음을 인심人心이라고 한다. 그 사람은 인심이
좋다, 그 동네 인심이 어떻다는 등의 말을 한다. 인심이 좋은 곳은
자꾸 생각나고 다시 가보고 싶다. 사람들에게 베풀고 사는 마음이
복을 불러들이는 것이다.

> 화는 무엇을 얻고자 하는 욕심에서 생기고,
> 복은 스스로 그치는 데서 생긴다. —《설원》
>
> 禍生於欲得 福生於自禁 화생어욕득 복생어자금

가족과 친구, 직장이나 주변 사람들 모두가 나의 삶을 결정지어 주
는 키 멤버들이다. 내가 내 자리에 바른 자세로 서 있을 때 내 주변의
사람들 역시 각자 자신의 자리에서 나를 돕는다.

복은 하늘에서 내려오는 것이 아니라 가장 가까운 사람들로부터 오는 것이다. 나에 대한 생각과 평가가 복이 되어 내게로 돌아온다.

세상 모든 것이 다 내 안에 준비되어 있다. —《맹자》

萬物皆備於我 만물개비어아

맹자는 '팔자는 스스로 개척해 가는 것'이라고 말했다. 가만히 놀고 있는데 하늘에서 떨어지는 복이나 행운은 없다. 장자는 일이 비록 작더라도 하지 않으면 이루어지지 않고, 자식이 비록 뛰어나더라도 가르치지 않으면 세상 이치를 깨닫지 못한다고 했다.

복은 사소한 일도 소홀히 하지 않는 데서 생기고,
화는 사소한 일을 소홀히 하는 데서 생긴다. —《명심보감》

福生於微 禍生於忽 복생어미 화생어홀

기회는 밖에서 오지 않고 우리의 내부로부터 온다. 기회는 또 전혀 기회처럼 보이지 않으며 그것은 번번이 불행이나 실패 또는 거부의 모습으로 변장해서 나타난다. 비관론자들은 모든 기회에 숨어 있는 '문제'만 보지만 낙관론자들은 모든 문제에 감춰져 있는 '기회'를 본다. 데니스 웨이틀리의 말이다.

세상에
공짜는 없다

상식을 벗어나서 호의를 베푸는 것은 모두 검은 속셈의 유혹이다. "공짜 치즈는 쥐덫에만 있다."라는 러시아 속담처럼 세상 어디에도 이유 없는 공짜는 없다. 특히 사회 초년생들은 미혹의 덫을 조심해야 한다.

사람은 재물 때문에 죽고 새는 먹이 때문에 죽는다. ─《현문》

人爲財死 鳥爲食亡 인위재사 조위식망

이솝우화 **꿀통과 파리**

파리들이 헛간 바닥에 흘린 꿀을 핥아먹기 시작했다. 정신없이 먹다가 그만 발이 꿀에 들러붙어 날아갈 수 없게 되었다. 죽기 직전 그들은 이렇게 말했다. "얼마나 어리석단 말인가? 한순간의 쾌락 때문에 죽게 되다니!"

_쾌락의 꼬리엔 바늘이 있다.

2

마음을 다스려라

화를 내되, 자기가 지금 왜 화를 내고 있으며 그 까닭이 어디에 있는지를 알면
분노의 포로가 되지는 않을 것이다. 길을 가되, 지금 자기가 어디로 가는 길에
어디쯤 와 있는지를 알면 그 길에 묻혀서 길을 잃는 일은 없을 것이다.

마음이 모든
행동의 중심이다

마음은 모든 행동의 중추가 된다. 마음이 흔들리면 모든 일이 어그러지기 마련이다. 그런데 우리 마음은 본디 잠시도 한곳에 머무르지 않고 이곳저곳을 제멋대로 왔다갔다한다. 세상에서 가장 믿기 어려운 것이 변덕스러운 사람의 감정이 아닌가.

가지 하나가 움직이면 온 잎새가 흔들리고,

마음 하나가 흩어지면 온갖 생각이 모두 망념이 된다. —《서암췌어西巖贅語》

一枝動則萬葉不寧　一心散則萬慮皆妄 일지동칙만엽불녕 일심산칙만려개망

사람은 감정 때문에 상처를 입기도 하고 주기도 한다. 좋아하는 감정에서 집착이 생기고, 싫어하는 감정에서 미움이 생기는데, 이 두 가지 감정 모두 사람을 망치는 독이 된다. 마음의 중심을 확실하게

잡고 한마음으로 집중해야 어떠한 일이든 이룰 수 있다.

일체유심조一切唯心造란 모든 것은 오로지 마음이 지어내는 것임을 뜻하는 화엄경의 중심사상으로 일체의 모든 것은 마음에 달려 있다는 것을 뜻한다. 남을 미워하고 좋아하는 것은 모두 내 마음이 만드는 것이다.

탈무드 **모든 것은 마음에 달려 있다**

사람의 모든 기관은 마음에 의해서 좌우된다. 보고, 듣고, 걷고, 서고, 굳어지고, 부드럽고, 기뻐하고, 슬퍼하고, 화내고, 두려워하고, 사랑하고, 미워하고, 부러워하고, 질투하고, 거만해지고, 반성하는 모든 것이 마음에 달려 있다. 따라서 세상에서 가장 강한 사람은 자신의 마음을 다스릴 수 있는 사람이다. 의지에는 주인이 되고 양심에는 노예가 되어라. 벌레는 과일이 썩지 않으면 속으로 파고들지 못한다. 많이 가진 자는 주머니 속에 신을 모셔 두지만, 가난한 자는 마음속에 신을 모신다. 마음의 문은 입이요, 마음의 창은 귀다.

정신을 한곳에 기울이면 어떤 일이든 이룰 수 있다. —**《주자어류朱子語類》**

精神一到 何事不成 정신일도 하사불성

몸과 마음이 따로따로 분리되어 있는 사람은 개인, 가정, 사업, 사회활동 어디에서도 성공하기 어렵다. 내 마음이 늘 내 안에 있어야 내 몸의 주인 노릇을 할 수 있다. 말뚝에 매인 소가 그 자리에 서 있듯 마음도 매어 놓을 심지心志가 있어야 한다.

마음이 맑아야
세상이 보인다

《대학大學》의 〈정심편正心篇〉에 이르기를 마음이 집중되지 않으면 주
변이 어수선해진다고 하였다.

> 마음이 집중되어 있지 않으면 보아도 보이지 않고 들어도 들리지 않고
> 먹어도 그 맛을 알지 못한다. 이런 것을 두고 자신을 수양하는 것은
> 자신의 마음을 바로잡는 것에 달려 있다고 한 것이다. ─《대학》
>
> 心不在焉 視而不見 聽而不聞 심부재언 시이불견 청이불문
> 食而不知其味 此謂修身 在正其心 식이부지기미 차위수신 재정기심

중국의 은나라 건국 시조 탕왕湯王은 자신을 경계하기 위해 세숫대
야에 다음과 같은 말을 새겼다.

진실로 날마다 새로워지면 나날이 새로워지고 또 날로 새로워진다.

苟日新 日日新 又日新 구일신 일일신 우일신

탕왕이 이 글을 세숫대야에 새긴 이유는 세수할 때마다 이 글을 보면서 자신을 곧추세우고 처음의 마음을 유지하기 위해서다.

마음은 영혼의 대기大氣다. —조세프 주베르[1] 《명상록》

The mind is the atmosphere of the soul.

날씨가 맑고 청명해야 사물이 제대로 잘 보이듯이, 사람의 마음도 깨끗하고 맑아야 세상이 바르게 보인다.

마음이 고요해야 본래 모습이 나타나고
물이 맑아야 달그림자가 밝게 비친다. —《채근담》

心靜而本體現 심정이본체현

水淸而月影明 수청이월영명

인간은 순간순간마다 '양심적 자기'와 '이기적 자기'가 서로 충돌한다. 욕심을 내면 이기적 자기가 되고, 욕심을 버리면 양심적 자기가 되는 것이다.

---

[1] 조세프 주베르Joseph Joubert(1754~1824). 프랑스의 도덕가, 문학자.

지혜로운
삶

유리하다고 교만하지 말고 불리하다고 비굴하지 말라. 무엇을 들었
다고 쉽게 행동하지 말고 그것이 사실인지 깊이 생각하여 이치에 맞
을 때 행동하라. 벙어리처럼 침묵하고 임금처럼 말하며, 얼음처럼
냉정하고 불처럼 뜨거워라. 태산 같은 자부심을 갖고 누운 풀처럼
자기를 낮추어라.

고칠 수 없는 상황이라면 참고 견뎌야 한다.
피할 수 없다면 받아들여야 한다. —**서양 속담**

What cannot be cured must be endured.
What cannot be eschewed must be embraced.

역경을 참고 이겨 내고 형편이 나아졌을 때는 뒷날을 대비하라.
재물을 오물처럼 볼 줄도 알고, 터지는 분노를 잘 다스릴 줄도 알아야

한다. 때로는 마음껏 풍류를 즐기고, 때로는 사슴처럼 두려워하며 조심하는 것이 무릇 지혜로운 이의 삶이다.

> 어리석은 일을 피하는 것이 지혜의 시작이다. —**호라티우스**[2] 《서간집》
> To flee from folly is the beginning of wisdom.

> 하나를 듣고 열을 안다. —《논어》
> 聞一以知十 문일이지십

공자가 제자인 자공에게 "안회와 너를 비교해 볼 때 누가 나으냐." 하고 물었다. 자공이 답하기를 "안회는 하나를 들으면 열을 알지만 저는 하나를 들으면 겨우 둘을 알 뿐입니다."라고 하였다. 공자는 자신을 솔직히 인정하는 자공의 성품을 높이 샀다.

> 지혜로운 사람은 사리에 밝기 때문에 혼란에 빠지지 않고,
> 어진 사람은 늘 편한 마음을 갖고 있기 때문에 근심하지 않으며,
> 용감한 사람은 어떠한 일에도 두려움을 갖지 않는다. —《논어》
> 知者不惑 仁者不憂 勇者不懼 지자불혹 인자불우 용자불구

> 지혜는 우선 무엇이 옳은지를 가르쳐 준다. —**유베날리스**[3] 《풍자시집》
> Wisdom first teaches what is right.

---

2 호라티우스Quintus Horatius Flaccus(BC 65~BC 8). 고대 로마의 시인. 주요 작품으로 《서정시집》, 《시론 *Ars poetica*》 등이 있다.

3 유베날리스Decimus Junius Juvenalis(50?~130?). 고대 로마의 풍자시인. 작품으로 《풍자시집》이 있다. 그의 시 가운데 가장 유명한 말로 "건전한 정신은 건전한 육체에 깃든다."는 말이 있다.

세상을 보는
혜안慧眼

프랑스의 소설가 발자크[4]는 이런 말을 했다. "사람의 얼굴은 한 폭의 풍경이며 한 권의 책이다. 용모는 결코 거짓말을 하지 않는다." 마음 속에 상대에 대한 나쁜 생각을 가지고 있지 않다면 얼굴에 부끄러운 표정이 없다. 상대에게 좋지 않은 감정을 가지고 있거나 죄를 지은 사람은 그의 눈을 바로 보지 못한다.

> 눈은 마음의 거울이다. —**서양 속담**
> The eye is the mirror of the soul.

맹자는 사람의 얼굴을 마음의 거울이라고 했다. 사람의 얼굴에는 많은 그림이 그려진다. 즐거운 마음일 때는 기쁨의 그림이, 우울한

---

[4] 장 루이 발자크Jean-Louis Guez de Balzac(1594~1654). 17세기 프랑스의 문학자. 문학 · 사상 · 도덕 · 정치 등 각 방면의 소견을 《서간집》(1624) 형식으로 간행하였다. 고전주의적 문예이론의 선구자다.

마음일 때는 슬픔의 그림이 선명하게 나타난다. 사람의 얼굴은 그림만 보여 주는 것이 아니라 많은 말을 하기도 한다. 마음이 깨끗하면 표정도 맑아 보이고 마음이 음흉하면 표정 역시 음습하다.

얼굴은 마음의 거울이다.
눈은 말이 없지만 마음의 비밀을 실토한다. —성聖 제롬 《서간집》
The face is the mirror of the mind,
eyes without speaking confess the secret of the heart.

사람을 살피는 데 눈동자보다 더 좋은 것은 없다. 가슴속이 올바르면 눈동자는 맑고, 가슴속이 올바르지 못하면 눈동자도 흐릿하다. 그의 말을 듣고 그의 눈동자를 살펴보면 그 사람의 내면을 볼 수 있다.

사람은 흐르는 물을 거울로 삼지 않고 멈춰 있는 물을 거울로 삼는다. —《장자》
人莫鑑於流水 而鑑於止水 인막감어유수 이감어지수

맑고 깨끗한 물, 고요한 물에서만 모든 것이 똑바로 비쳐 보이듯 우리의 마음도 맑고 깨끗하게 비우고 고요하게 만들어서 객관도 주관도 없는 상태가 되어야 세상을 바르게 보는 직관력直觀力이 생긴다. 마음이 안정되어야 평정平靜한 마음에서 세상이 바로 보인다.

밝은 곳에서는
어둠 속이 보이지 않는다

다음은 어느 스승과 제자의 문답이다.

"사람의 입은 하나인데 귀는 왜 둘인가?"

"말하기보다 더 많이, 잘 들으라는 뜻입니다."

"사람의 눈은 흰 창과 검은 창이 있다. 그런데 왜 검은 창으로 세상을 보는 것인가?"

"그것은 어두운 곳에서 보는 것이 잘 보이기 때문입니다. 밝은 곳에서 보면 어둠 속이 잘 보이지 않아 지나치게 낙관적인 생각과 교만해짐을 경계하기 위함입니다."

내가 선 자리의 불을 끄고 어둠 속에서 밖을 내다보면 창밖의 모든 것이 잘 보인다. 그러나 내가 밝은 곳에 서 있으면 어둠 속에 있는 것들이 하나도 보이지 않는다.

당신의 얼굴을 양지에 두면 음지는 볼 수 없다. ─**헬렌 켈러**[5]

Keep your face to the sunshine and you cannot see the shadows.

탈무드 **창문과 거울**

가난한 농부가 마을에서 학식과 덕망이 높기로 소문난 랍비를 찾아갔다.

"랍비님! 랍비님의 지혜로 제 어려움을 들어 보십시오. 제게는 같은 마을에서 태어나 어린 시절부터 오랫동안 무엇이든 함께 한 절친한 친구가 있습니다. 그런데 장사로 큰 돈을 번 뒤 그 친구는 싹 변해 버려 이제는 길에서 저를 만나도 아는 척도 하지 않습니다. 어떻게 그럴 수가 있습니까?"

한참 동안 눈을 감고 있던 랍비가 나지막이 말을 꺼냈다. "이쪽으로 와서 창을 내다보게나. 무엇이 보이는가?" "산과 집들, 빨래하는 아낙들과 논길을 거니는 노인이 보입니다." 랍비가 다시 말했다. "그럼 이번에는 이리로 와서 거울을 보게나. 무엇이 보이는가?" "저밖에는 아무것도 보이지 않습니다." 농부가 대답했다. "그런 거라네. 인간은 돈을 갖고 있지 않을 때는 자네가 창문에서 본 것처럼 무엇이든 다 볼 수 있지만, 재물이 생기면 유리 뒤에 종이를 발라 놓은 것처럼 자기 자신밖에는 보지 못한다네."

번창할 때 교만하면 역경에 처했을 때 비참해진다. ─**토머스 풀러**[6] 《잠언집》

Pride in prosperity turns to misery in adversity.

---

5 헬렌 켈러Helen Adams Keller(1880~1968). 미국의 맹농아盲聾啞 저술가이자 사회사업가. 세계 최초로 대학교육을 받은 맹농아자다. 저서에 《나의 생애》, 《신앙의 권유》 등이 있다.
6 토머스 풀러Thomas Fuller(1608~1661). 영국의 성직자, 역사가, 작가.

2. 마음을 다스려라 | 49

거울에 때가 끼면 내 얼굴이 바르게 보이지 않듯이 마음에 욕심이라는 때가 끼면 세상을 올바로 볼 수 없다.

2005년 아프리카 5개국(남아프리카공화국, 케냐, 탄자니아, 잠비아, 짐바브웨)을 여행한 적이 있다. 탄자니아 국립공원의 분화구 위 언덕에 위치한 Ngorongoro Serena Lodge 호텔 방에 서서 티 없이 깨끗한 하늘과 솜결 같은 뭉게구름을 보면서 이처럼 맑은 하늘 아래 사는 사람들은 마음도 머릿속도 깨끗하고 순수하겠구나 하는 생각이 들었다.

매연과 공해로 가득 찬 칙칙한 서울의 하늘 아래 사는 사람들의 마음과 머릿속은 무엇으로 차 있을까. 하늘은 그 아래 사는 사람들이 깨끗하게 살아야 깨끗해지고, 물은 윗물이 맑아야 아랫물이 맑아지는 것이 자연의 이치다.

밤이 되자 창밖의 밤하늘에는 헤아릴 수 없이 많은 별들이 영롱하게 빛나고 있었다. 내가 서 있는 방의 불을 끄면 창밖이 잘 보이고 많은 것을 볼 수 있지만, 방에 불을 밝히는 순간 밖에 있는 것은 아무것도 보이지 않았다. 나를 버리면 세상이 다 내 편이고 나만 고집하면 주위가 다 적이 되듯, 나를 밝히는 순간부터 어둠 속 사람들을 볼 수 없는 것이 세상의 이치인 것이다.

재능보다
덕성이다

상대방을 높이고 나를 낮추는 것이 덕의 기본이다(卑讓德之基也 비양덕지기야).《춘추좌씨전》에 나오는 말이다.

홀륭한 사회인이 되기 위해서는 재능(실력)이 있어야 한다. 그러나 재능만 있다고 홀륭한 사회인이 되는 것은 아니다. 인격적인 요건, 즉 덕을 갖추어야 한다. 재능과 인격, 이 두 가지는 수레의 양 바퀴와 같이 함께 있을 때 제 기능을 발휘한다.

> 덕은 재주의 주인이요, 재능은 덕의 노예이다. ─《채근담》[7]
>
> 德者才之主 才者德之奴 덕자재지주 재자덕지노

---

[7] 중국 명나라 말기에 환초도인還初道人 홍자성洪自誠이 지은 어록집.

덕은 사업의 기초(바탕)이다.

기초가 견고하지 않고서는 그 집이 오래 갈 수 없다. —〈채근담〉

德者事業之基 未有基不固 而棟宇堅久者

덕자사업지기 미유기불고 이동우견구자

　비록 재능이 뛰어나더라도 인격을 갖추지 못하면 수레의 두 바퀴 중 한 바퀴가 빠져 있는 것이나 다름없다. 재능이 탁월한데도 일이 잘 풀리지 않는 사람은 대부분 재능(능력)만을 앞세우고 그것을 뒷받침해 주는 인격이 뒤따르지 못해서이다.

이솝우화 **덕이 부족한 운동선수**

경기에서 이겨 거들먹거리고 있는 운동선수에게 이솝이 다가가 상대가 더 힘이 셌느냐고 물었다. 그러자 운동선수가 대답했다.

"무슨 말이오! 당연히 내가 힘이 더 셌지."

그러자 이솝이 말을 받았다.

"당신 힘이 더 세고, 당신보다 못한 상대에게 이겼다면 무슨 상을 받을 자격이 있단 말이오? 당신보다 힘이 센 상대를 뛰어난 운동 실력으로 눌렀다면 찬사를 받아 마땅하겠지만."

_재능을 키우기에 앞서 인격을 갖춰야 한다.

물이 깊지 않으면 큰 배를 띄울 수가 없다. ─⟨**장자**⟩

水之積也不厚 則其負大舟也無力 수지적야불후 즉기부대주야무력

물이 깊어야 한다는 것은, 먼저 인격과 덕성을 쌓은 후 자신이 하고자 하는 일에 대해 충분한 준비와 부단한 노력을 기울여야 함을 말한다. 그런 연후에 주변을 받아들일 수 있는 역량과 리더십으로 큰 일을 해낼 수 있다.

뿌리에 물을 주어야 가지가 무성해지고, 뿌리가 상하면 가지가
마르기 마련이며, 뿌리가 깊으면 그 열매가 무성하기 마련이다. ─⟨**설원**⟩

灌其本而枝葉茂 관기본이지엽무

本傷者枝槁 根深者末厚 본상자지고 근심자말후

뿌리에 물을 주어야 가지가 무성해진다는 말은 자신이 맡은 일에 대한 기본을 다지고 본분에 충실할 때 그 목적하는 바 열매를 풍성하게 맺을 수 있다는 뜻이다.

포용함이 있으니 덕이 큰 것이요,
욕심이 없으니 마음이 스스로 한가롭다. ─⟨**명심보감**⟩

有容德乃大 無欲心自閑 유용덕내대 무욕심자한

오만이
재앙을 부른다

어떤 상황이든 세상만사는 항상 변한다. 겸손하라. 그리고 늘 준비
하고 경계하라. 하룻강아지 범 무서운 줄 모르고 겁 없이 객기를 부
리다가 화를 당할 수 있다. 상대를 소홀히 여기고 독단하는 우월감
과 허세 부리는 자만심은 화를 부른다.

모난 돌이 정 맞는다. —**서양 속담**

A cornered stone meets the mason's chisel.

잔머리 쓰고 어설픈 힘자랑하면 화가 돌아오고,

깨끗하고 허심탄회한 마음으로 덕을 베풀면 복이 돌아온다.

謀惡虛勢禍自招 淸心有德福自招 모악허세화자초 청심유덕복자초

맨해튼의 엠파이어스테이트 빌딩이나 두바이 사막에 건설된 초고층 빌딩들을 보면 인간이 얼마나 강인한 존재인가 실감하게 된다. 그러나 이처럼 강인한 인간도 하찮은 파리나 모기에 물려 고통받기도 하고 때로는 전염병에 감염되어 생명을 잃기도 한다.

넘치도록 가득 채우는 것은 적당할 때 멈추는 것만 못하고,
재산과 명예로 교만해짐은 재앙을 자초한다.
일이 이루어졌으면 물러나는 것이 하늘의 도리이다. —《노자도덕경》

持而盈之 不如其已 지이영지 불여기이
富貴而驕 自遺其咎 부귀이교 자유기구
功遂身退 天之道 공수신퇴 천지도

이솝우화 **수탉과 독수리**

수탉 두 마리가 암탉들을 놓고 싸움을 벌였다. 싸움에서 진 수탉은 수풀 속으로 달아나고, 이긴 수탉은 높은 담 꼭대기로 날아올라 승리의 목청을 한껏 높였다. 바로 그때 독수리가 날아와 수탉을 덮쳐 채 가고 말았다. 결국 수풀로 달아난 수탉이 암탉들을 독차지하게 되었다.

_교만은 패망의 선봉이요, 오만한 마음은 실패의 징조이다.

자만하는 자는 손해를 불러들이고 겸손한 자는 이익을 얻는다. —《명심보감》

慢招損 謙受益 만초손 겸수익

자신을 낮추면
마음을 얻는다

영국의 유명한 정치가 디즈레일리와 글래드스턴에 대해 당대 유명했던 사교계의 한 여성이 이렇게 평했다고 한다.

"두 분 모두 저를 초대한 적이 있습니다. 글래드스턴 수상과 헤어질 때 나는 그분이 영국에서 가장 현명한 분이라는 것을 깨달았지요. 그런데 디즈레일리 수상과 헤어질 때는 내가 영국에서 가장 현명한 여성이라는 것을 깨달았습니다."

나를 낮추고 상대를 높이는 것이 예의 시작이다. ―《맹자》

辭讓之心 禮之端也 사양지심 예지단야

글래드스턴은 자신의 철학과 사상에 대해 일방적으로 이야기한

반면, 디즈레일리는 그 여성의 이야기를 듣고 자신을 낮추었다. 이 것이 바로 두 사람의 차이점이요, 디즈레일리의 인기가 늘 앞섰던 이유이다. 내 철학이나 실력을 보이는 것보다 상대를 칭찬해 주는 것이 상수上手인 것이다.

> 겸손은 모든 미덕의 근본이다. —**필립 베일리**[8]
> Lowliness is the base of every virtue.

나를 낮추고 상대방을 높이는 것이 겸손의 시작이다. 좋은 인간관계란 겸손한 마음, 베푸는 마음에서 시작된다. 베푸는 마음은 나를 고집하지 않고 남의 것을 받아들이는 것이다. 상대방을 받들고 나를 낮추는 것이 겸손의 기본이요, 열린 마음의 시작이다. 상대의 말을 많이 들으면 시비가 없어지고 관계가 평화로워진다.

> 열매가 많은 가지는 밑으로 처져 있다.(머리를 숙인다.) —**서양 속담**
> The boughs that bear most hang lowest.

> 교만은 패망의 선봉이요,
> 거만한 마음은 넘어짐의 앞잡이니라. —**〈잠언〉 16:18**
> Pride goes before destruction, and a haughty spirit before a fall.

---

[8] 필립 베일리Philip James Bailey(1816~1902). 영국의 시인.

너 자신을
알라

"너 자신을 알라."는 말은 본디 델포이 신전의 담벼락에 쓰여 있던 말이라고 한다. 공자와 비슷한 시대에 활동한 소크라테스는, 플라톤이 저술한 《소크라테스의 변명*Apologia Sokratous*》에서 자신이 다른 현자들보다 나은 점은 모르는 것을 모른다고 생각하는 것이라고 말했다. 그가 말한 "너 자신을 알라."라는 말 속에는 '자신이 아무것도 모르고 있다는 사실을 알라. 그래야만 비로소 참된 앎을 찾아나서는 출발점에 설 수 있게 된다.'라는 뜻이 담겨 있다.

아는 것을 안다고 하고 알지 못하는 것을
알지 못한다고 하는 것, 이것이 바로 앎이니라. —《논어》
知之爲知之 不知爲不知 是知也 지지위지지 부지위부지 시지야

자신이 모르고 있다는 사실을 뼈저리게 느끼는 사람만이 알고 싶은 절실한 소망을 갖게 되고, 이 앎에 대한 간절한 사랑만이 우리를 참된 지식으로 이끌어가는 원동력이 된다.

우리 자신의 능력을 인식하는 것이
곧 우리를 겸손하게 만드는 것이다. —**서양 속담**
The awareness of our own strength makes us modest.

정도를 지나침은 미치지 못함과 같다. —《논어》〈선진편先進篇〉

過猶不及 과유불급

이솝우화 **욕심 많은 아이**

한 소년이 무화과 열매가 들어 있는 항아리에 손을 집어넣었다. 항아리 주둥이가 매우 작은데도 소년은 손바닥을 최대한 벌려서 열매를 잔뜩 움켜쥐었다. 그러나 항아리에서 손을 뺄 수 없던 소년은 열매를 놓을 수도 손을 뺄 수도 없어 엉엉 울기 시작했다. 그때 곁에 있던 영리한 친구가 이렇게 말했다. "이번에는 절반만 쥐고 손을 빼 봐. 그리고 다시 손을 넣어서 나머지를 꺼내면 되잖아."

_네가 씹을 수 있는 만큼만 깨물어라. (네 분수를 알라.)

미국 플로리다에서 비단뱀이 악어를 삼키다 몸통이 터진 채 발견된 장면을 뉴스에서 본 적이 있다. 최근 국내 대기업 중에도 자신보다 훨씬 큰 기업을 인수했다가 자금유동성 경색으로 그룹 전체에 재무 위기를 맞은 경우를 본다. 자기 분수를 모르고 씹지 못할 만큼 물었기 때문이다. 입에서 씹지도 못하는데 어떻게 위에서 소화를 시키겠는가?

그는 그가 씹을 수 있는 것보다 더 많은 양을 깨물었다. —**서양 속담**

(주제 파악을 못한다.)

He bit off more than he can chew.

힘이 부치거든 무거운 짐을 지려 하지 말고
자신의 말이 경솔하거든 남에게 권하려 하지 말라. —**〈현문〉**

力微休負重 言輕莫勸人 역미휴부중 언경막권인

작다고 키우고 짧다고 늘려서 될 일은 하나도 없다. 분수에 맞게 살아야 한다. 지나친 욕심은 화禍를 부른다. 편안한 마음으로 분수대로 만족할 줄 알라. 욕심이 적으면 유쾌하고 행복하여 만족할 줄 아는 것이 부귀이니 언제나 청빈 속에 편히 머물지니라(安分知足 小慾 快樂 知足富貴 安住清貧 안분지족 소욕쾌락 지족부귀 안주청빈).

모든 사람은 자기의 분수를 지켜야 한다—**오비디우스**[9] **〈비가悲歌〉**

Every man should remain within his own sphere.

---

[9] 오비디우스Publius Ovidius Nasō(BC 43~AD 17). 고대 로마의 시인.

애써 구하려는 생각이나 소유하려는 생각 없이 분수에 맞게 마음을 편안히 하며 만족할 줄 아는 것이 행복이다.

참된 자기를 살펴보지 않고 바깥만 밝히면 그럴 때마다 어긋난다. —**〈장자〉**

不見誠己而發 每發而不當 불견성기이발 매발이부당

내 모습이 바르면 내 그림자도 바르고, 내 모습이 비틀리면 내 그림자도 비틀리듯, 세상만사가 다 나 때문에 나에 의해 이루어진다. 그런데도 우리는 일이 잘 안 되면 조상 탓, 남의 탓만 한다. 세상사 모든 것이 결국 나에게서 비롯되는 것이요, 내 탓인데 말이다.

자기 집 두레박 줄이 짧은 것은 탓하지 않고,

남의 집 우물 깊은 것만 탓한다. —**〈명심보감〉**

不恨自家汲繩短 只恨他家苦井深 불한자가급승단 지한타가고정심

천명을 아는 사람은 하늘을 원망하지 않고,

자기 자신을 아는 사람은 남을 원망하지 않는다. —**〈설원〉**

知命者不怨天 知己者不怨人 지명자불원천 지기자불원인

3

행복은 내 안에서
얻는 것이다

행복이란 밖에서 찾아오는 것이 아니라 욕심을 버린 자의 마음에서 생겨나는 것이다.
사람은 다른 사람과 자신을 비교하는 순간부터 지금 갖고 있는 행복까지 잃게 된다.
행복해지려면 비교하지 말라.

행복은
내 마음 안에 있다

행복은 밖에서 찾아오는 것이 아니라 욕심을 버린 자의 마음에서 생겨나는 것이다. 사람은 다른 사람과 자신을 비교하는 순간 갖고 있는 행복까지 잃게 된다. 《주역》에 이르기를 "하늘의 섭리에 따르고 편안한 마음으로 운명을 받아들이면 근심 걱정 없이 마음이 편안하다(樂天之命 故不憂 낙천지명 고불우)."라고 하였다.

행복하다고 믿어야 한다.

그렇지 않으면 행복은 결코 찾아오지 않는다. —더글러스 맬로크[1] 〈믿어야 한다〉

You have to believe in happiness, or happiness never comes.

고우 큰스님이 설하는 행복의 네 가지 조건은 다음과 같다.

첫째, 남과 비교하지 말라. 둘째, 자기가 하는 일의 의미와 가치를

---

[1] 더글러스 맬로크Douglas Malloch(1877~1938). 미국의 시인

알라. 셋째, 바깥의 조건을 경계하고 자주적인 사람이 되라. 넷째, 상대를 인정하고 소통하라.

> 행복한가 그렇지 못한가는 결국 우리 자신에게 달려 있고,
> 행복은 바로 감사하는 마음이다. —**서양 속담**
> Happiness depends upon ourselves,
> happiness is itself a kind of gratitude.

기독교나 가톨릭에서 말하는 '가난한 마음'이란 불교의 '집착하지 않는 마음'이다. 이때 가난하다는 것은 내적인 자세를 가리킨다. 많은 사람들이 자신의 윤택함, 가족의 건강과 평안 등을 위해 신을 믿고 편의에 따라 이용하려는 경향이 있다. 그러나 신은 누가 소유하거나 이용할 수 있는 존재가 아니다.

탈무드 **행복할 때는 행복을 느끼지 못한다**

사람들은 행복하지 않으면 만족하지 못한다. 그러나 행복이 무엇이냐고 물으면 많은 이들이 선뜻 대답을 하지 못한다. 사람들은 평생 이 답을 얻기 위해 살아가고 있다. 행복은 건강과 비슷하다. 건강할 때는 그 소중함을 잘 모르다가 아프게 되면 비로소 그것의 가치를 깨닫고 기도한다. 행복도 마찬가지다. 그것을 잃었을 때 비로소 고통을 느끼고 행복을 염원한다. 사람들은 그제야 이렇게 말한다. "나는 행복했었다."

가난한 것을 걱정하지 말고 불안해하는 것을 걱정하라. —《논어》

不患貧而患不安 불환빈이환불안

가난한 행복이 있는가 하면 부유한 불행이 있다. 가난한 행복이란 욕심 내지 않고 자신의 삶을 성실히 가꾸어 가는 데서 얻는 기쁨을 말한다. 가난한 행복으로 우리는 진정한 부자가 될 수 있다. 돈이 많아서가 아니라 행복해져서 부자로 사는 것이다.

이솝우화 **구두쇠와 황금덩어리**

한 구두쇠가 모든 재산을 팔아 황금덩어리로 바꾸어 땅속에 묻었다. 그러고는 날마다 그곳에 가서 보물을 생각하며 만족하곤 했다. 그러던 어느 날, 그 모습을 유심히 지켜보던 일꾼 하나가 땅을 파 황금덩어리를 가지고 도망치고 말았다. 다음 날 텅 빈 구덩이를 보며 구두쇠가 통곡하자 지나가던 행인이 그 사연을 듣고 이렇게 말했다. "그렇게 절망할 것 없소. 당신은 황금이 있었을 때도 그것을 사용하지 않아 없는 것과 같았으니 말이오. 돌멩이를 그곳에 다시 묻고 그것을 황금이라고 상상하시오."

_ 사용하지 않는 물건은 아무 소용없다.

검소함은 결코 인색함이 아니다. 검소한 사람은 이웃을 살피고, 인색한 사람은 이웃을 외면한다. 검소한 이는 수수하므로 아쉽거나 옹색할 리 없다. 또 검소한 사람은 항상 만족할 줄 알아서 마음이 넉넉하고, 인색한 사람은 자신밖에 몰라 제 잇속 챙기기에 급급하다.

노자가 이르기를 '스스로 만족하는 이가 부자'라고 했는데, 검소한 사람이야말로 진정한 부자다.

무엇을 얻기 위해 욕심 부리는 사람은 비록 넉넉하더라도 가난한 것이요, 가지고 있는 것에 만족할 줄 아는 사람은 비록 가난하더라도 넉넉한 것이다.
—《채근담》

貪得者雖富亦貧 탐득자수부역빈

知足者雖貧亦富 지족자수빈역부

구름이 걷히면 청산이요, 마음만 바꾸면 그 자리가 극락이다. 행복은 자기 마음에 달려 있다. "불행의 원인은 늘 내 자신이 만드는 것이다. 내 몸이 굽으니 그림자도 굽는다. 그림자가 굽는 것을 한탄하지 말라. 내 마음만이 나를 치료할 수 있다." 파스칼[2]의 말이다.

누가 가장 행복한 사람인가? 남의 장점을 존중하고, 남의 기쁨을 자기의 것인 듯 기뻐하는 사람이다. —괴테

Who is the happiest of man? He who values the merits of others, and in their pleasure takes joy, even as though it were his own.

---

2 파스칼Blaise Pascal(1623~1662). 프랑스의 수학자, 물리학자, 철학자, 종교사상가.

이 순간이
가장 중요하다

인생은 순간순간 최선을 다해 살아야 후회가 없다. "이 순간이 가장 중요한 시간이다."라는 말은 송宋 왕조를 창건한 태조太祖가 황위에 오른 다음 공신들을 모아 놓고 한 말이다.

> 누구도 어제를 다시 불러올 수 없다.
> 무엇보다도 인생은 재미있어야 한다. —**서양 속담**

No one can call back yesterday. Above all, life should be fun.

짧은 인생을 어떻게 살 것인가? 그 답은 그리 어렵지 않을 수 있다. 《채근담》의 한 구절을 소개한다.

"천지는 영원한데 인생은 두 번 다시 돌아오지 않는다. 인간의 수명은 길어야 100년, 눈 깜짝할 사이에 지나가고 만다. 이 세상에 태어난 이상, 즐겁게 살기만을 바라지 말고 허송세월하는 것을 두려워할 줄 알아야 한다." 즐겁게, 그러나 뜻있게 살라는 말이다.

가장 현명한 사람은 허송세월을 가장 슬퍼한다. —단테 〈신곡〉
It is the wisest who grieve most at the lost of time.

성전 스님이 책에 썼듯이 '소욕지족小欲知足', 즉 작은 것으로 만족하는 마음이 행복의 근원이다. 모든 이가 세상에 빈 손으로 오고 죽을 때는 아무것도 가지고 갈 수 없다. 그러니 부유한들 무엇하겠는가. 버는 것보다 덜 쓰고 절약하지 않으면 가득 차 있어도 반드시 궁하게 되고, 절약하면 텅 비어 있어도 언젠가는 차게 된다. 조금 덜 갖고도 우리는 얼마든지 행복하게 살 수 있다.

인생은 문틈으로 백마가 달려가는 것을 보는 것과 같다.
인생 백 년이라 해도 낮과 밤이 반반이다. —〈열자〉
人生如白駒過隙 인생여백구과극
人生百年 晝夜各分 인생백년 주야각분

"행복은 어디에나 있는 나의 친구다. 그는 산에도 있고 골짜기에도 있고 꽃 속에도 있고 수정 속에도 있다." 행복의 파랑새는 멀리 있지 않다. 바로 지금, 바로 이곳에서 행복을 찾아야 한다는 것이 헤르만 헤세의 '행복론'이다.

어둡고 부정적인 생각을 가진 사람이 곁에 있으면 그 어두움이 전염되고, 밝고 긍정적인 생각을 하는 사람과 함께 있으면 매사를 긍정적으로 보게 된다. 햇볕을 잘 받으면 곧고 아름다운 모습으로 성장하는 소나무처럼, 작은 일에 감사하고 미소 지을 줄 아는 이는 주변에 좋은 에너지를 전달해 사람들을 행복하게 만든다.

탈무드 **내일을 걱정하지 말라**

지금 당장의 일도 모르는데 내일 일을 걱정하는 것은 현명하지 않다. 앞일을 비관하거나 낙관하는 것은 자신이 앞을 내다볼 수 있다고 착각하는 것에 불과하다. 내일 일은 지나치게 걱정해서도 낙관해서도 안 된다. 앞으로 일어날 일은 알 수 없기 때문에 인생은 살 만한 것이다.

지금 현재만이 인간의 것임을 알라. —**새뮤얼 존슨[3]** 〈아이린Irene〉

Learn that the present hour alone is man's.

삶에서 가장 중요한 순간은 언제인가? 바로 지금이다. 왜냐하면 누구나 현재에만 행동할 수 있기 때문이다. 행해야 할 가장 중요한 일은 무엇인가? 자기 앞에 놓인 일에 전념하는 것이다. 행복의 비결은 땅 위를 걷는 것이다. —**베르나르 베르베르[4]**의 〈개미〉 중에서

---

[3] 새뮤얼 존슨Samuel Johnson(1709~1784). 영국의 시인, 평론가. 1755년 영국에서 처음으로 영어 사전을 편찬하였으며, 풍자시로 〈런던〉, 〈덧없는 소망〉이 있다.
[4] 베르나르 베르베르Bernard Werber(1961~). 프랑스의 소설가. 《개미》(1991)로 데뷔하였으며, 기발한 상상력과 독특한 소재가 특징이다. 이밖에 《개미혁명》(1996), 《천사들의 제국》(2000) 등이 있다.

낭비는
가난을 낳는다

근면은 부富의 오른손이요, 절약은 그 왼손이다. 많이 버는 사람이
부자가 되는 경우보다 절약하는 사람이 부자로 사는 경우가 많다.
절약하는 사람이 가난해지는 법은 거의 없다. 지나치게 낭비하면서
부자가 되고자 하는 사람은 구멍 난 그릇에 물을 가득 채우려는 것과
같다. 낭비는 그릇의 구멍과 같아서 구멍을 메우지 않는 한, 그 그릇
에 물을 채울 수 없다.

대체로 검소하고 절약하면 복을 받고,
사치하고 호화스러우면 재앙을 받는 것이 하늘의 이치다. —이언적 《회재집》

大抵 儉約而獲福 奢泰而招損 天之理也
대저 검약이획복 사태이초손 천지리야

절약 없이는 아무도 부자가 될 수 없으며,
절약하면 거의 가난해지지 않는다. —새뮤얼 존슨 〈램블러〉지
Without frugality none can be rich,
and with it very few would be poor.

젊은 시절에 절약하며 검소하게 열심히 산 사람들은 노년에 자식들에게 신세지지 않고 편안하게 지낸다. 그러나 분에 넘치게 낭비한 사람들은 힘겨운 노년을 보낼 수밖에 없다.

하루에 한 푼이 1년이면 목돈이 된다. —조지프 애디슨 〈스펙테이터지〉지
A pin a day is a groat a year.

부지런히 일하고, 보다 검소하게 지출을 줄이는 것이 잘사는 길이다. 한 푼이라도 저축하는 조그마한 정성이 바로 잘살게 만드는 길인 동시에, '잘사는 나라', '부강한 나라'를 건설하는 것이다.

—1964년 저축의 날, 박정희 대통령의 치사 중에서

반 걸음씩 쌓이지 않고서는 천리 길에 도달할 수 없고,
작은 실개천이 모이지 않으면 강과 바다를 이룰 수 없다. —〈순자〉 〈권학편〉
不積蹞步 無以至千里 不積小流 無以成江河
부적규보 무이지천리 부적소류 무이성강하

만족할 줄 아는 것이
행복이다

행복은 만족에서 온다. 생로병사生老病死를 즐겁게 맞을 수 있는 사람
이 진정으로 행복한 사람이다. 세속인은 건강하게 장수하고, 부자가
되어 물질적 풍요 속에 사는 것을 행복이라 여기지만, 마음속에서 욕
심을 덜어내고 만족을 느낄 수 있는 것이 참행복이다.

만족할 줄 알면 즐거운 것이요,
탐하기에만 힘쓰면 근심이 끊이지 않는다. ―《명심보감》

知足可樂 務貪則憂 지족가락 무탐즉우

도시의 건물들은 점점 높아지고 있지만 사람들의 인격은 점점 더
낮아지고 있다. 고속도로는 넓어졌지만 시야는 더 좁아졌고, 더 많
은 물건을 살 수 있게 되었지만 마음은 더 가난해지고, 기쁨은 줄어

들었다. 집은 커졌는데 가족은 더 적어졌다. 모든 것이 더 편리해졌지만 편안한 시간은 점점 줄어들고 있다. 학력은 높아지고 지식은 많아졌지만 상식은 부족하고 판단력은 흐려졌다. 전문가는 늘어났지만 문제는 더 많아졌고 약은 많아졌지만 건강은 더 나빠졌다.

> 사람의 마음가짐이 곧 자신의 행복이다. —**실러 〈발렌슈타인의 진영〉**
> The will of a man is his happiness.

불교 유교경遺教經에 이르기를 "만족할 줄 아는 사람은 땅바닥에 누워 자도 편안함을 느끼고, 만족을 모르는 사람은 천당에 살아도 마음이 흡족하지 못하다. 그래서 만족할 줄 모르는 사람은 비록 부자여도 실제로는 가난한 것이다."라고 하였다. 매일매일을 행복해하는 사람이 있는가 하면 매일매일을 불행의 연속으로 살아가는 사람이 있다. 행복하고 즐거운 사람은 행복을 즐겨야 할 시간이 바로 지금임을 안다. 행복은 만족할 줄 아는 사람, 감사할 줄 아는 사람, 자연의 순리와 법칙에 따르는 사람, 이런 사람에게 하늘이 내려 주는 선물이다.

> 만족할 줄 아는 사람은 이윤 따위로 자신을 번거롭게 하지 않는다. —**〈장자〉**
> 知足者 不以利者累也 지족자 불이리자누야

사람은 누구나 탐욕에서 해방될 수 있다. 다만 그것이 힘든 이유는 물物에 집착하기 때문이다. 물을 잡으면 물에 잡힌다. 돈을 잡으면 돈의 노예가 되고, 권력을 잡으면 권력의 시녀가 되며, 명예를 잡으면 명예의 포로가 된다. 사물이 하늘을 이길 수 없음은 만고의 이치다. 무엇을 좋아한다거나 싫어한다는 것은 이미 그 무엇에 집착하고 있다는 것을 뜻한다.

> 탐욕스러운 사람은 언제나 부족하고,
> 육체의 욕심은 영혼의 무덤이다. —**서양 속담**
> The avaricious man is always in want,
> sensuality is the grave of the soul.

프랑수아 드 라 로슈푸코[5]는 말했다. 근본적으로 행복과 불행은 그 크기가 정해져 있지 않다. 그것을 받아들이는 사람의 마음에 따라 작은 것이 커질 수도 있고 큰 것이 작아질 수도 있다. 현명한 사람은 큰 불행도 작게 받아들이지만, 어리석은 사람은 조그마한 불행도 현미경으로 확대해 보듯 크게 받아들여 스스로 큰 고민 속에 빠진다.

> 감사하라. 감사할 줄 모르면서 행복한 사람을
> 나는 한 번도 보지 못했다. —**에리히 케스트너**[6]

---

[5] 프랑수아 드 라 로슈푸코François de La Rochefoucauld(1613~1680). 17세기 프랑스의 고전작가, 공작. 대표작《잠언과 성찰》(1665)은 간결하고 명확한 문체로 인간 심리의 미묘한 심층을 날카롭게 파헤치고 있다.

[6] 에리히 케스트너Erich Kästner(1899~1974). 독일의 소설가이자 시인.《에밀과 탐정들》(1928)을 비롯한 동화작가로 유명하다.

뱁새가 깊은 숲에 둥우리를 튼다 해도 나뭇가지 하나를 쓸 뿐이다. —《장자》

鷦鷯巢於深林 不過一枝 초료소어심림 불과일지

숲 속의 뱁새는 둥지를 두 개 이상 짓거나 가지지 않는다. 자연의 움직임은 무위無爲하기 때문이다. 인간의 탐욕으로 자연의 섭리와 이치를 거역하는 것이 인위人爲이다. 인간의 탐욕이 지구의 재앙을 부르는 것이다.

만족할 줄 아는 사람은 빈천해도 즐겁고,
만족할 줄 모르는 사람은 부귀해도 근심이 가득하다. —《명심보감》

知足者貧賤亦樂 지족자빈천역락

不知足者富貴亦憂 부지족자부귀역우

우리는 온갖 탐욕에 주의해야 한다. 제 아무리 부유하다 하더라도 자신의 부로는 최후의 단 1분도 생명을 더 보장받을 수 없다.

이솝우화 **황금알을 낳는 거위**

매일 황금알을 낳는 거위를 가진 행운의 농부가 있었다. 그는 매일 거위가 알 낳기를 기다리느니 거위를 죽여 단번에 황금알을 몽땅 갖겠다고 욕심을 냈다. 그래서 거위를 죽여 배를 열어 보았더니 배 속에는 아무것도 없었다. 결국 매일 얻던 황금알을 얻을 수 없게 된 것이다.

_더 많은 것을 욕심내면 더 많은 것을 잃게 된다.

세네카[7]는 말했다. 가난이나 부족함을 현실로 인정하지 못하고 늘 불만을 갖고 사는 사람은 설령 부자가 된다고 해도 만족하지 못한다. 무엇인가에 늘 부족함을 느끼는 것은 사물 때문이 아니라 그 사람의 기본 정신자세 때문이다.

사람은 이 세상에 빈손으로 왔다가 빈손으로 간다. —**서양 속담**

(空手來空手去 공수래공수거)

Naked came we into the world and naked shall we depart from it.

행복은 밖에서 찾아오는 것이 아니라 욕심을 버린 사람의 마음에서 생겨나는 것이다. 욕심을 버리지 않고 행복을 추구하는 것은 한 마리의 사냥개로 두 마리의 토끼를 사냥하려는 것과 같다. 마음속에서 욕심을 버리는 순간부터 행복을 찾을 수 있다.

우리가 세상에 아무것도 가지고 온 것이 없으매

또한 아무것도 가지고 가지 못하리니 우리가 먹을 것과 입을 것이 있은즉

족한 줄로 알 것이니라. —〈디모데전서〉 6:7~8

For we brought nothing into the world, and we can take nothing out of it. But if we have food and clothing, we will be content with that.

---

7 세네카Lucius Annaeus Seneca(BC 4~AD 65). 에스파냐 태생의 고대 로마 철학자, 극작가. 스토아 학파의 철학자로, 네로의 스승이 되었지만 후에 반역의 혐의를 받고 자결하였다. 저서에 《메디아》,《아가멤논》 등이 있다.

가진 것을 버리고
먼 것을 좇지 말라

필자가 상사에서 근무할 당시의 경험에 의하면, 신입사원 중 상당수가 다양한 이유로 입사 초기에 사표를 내는데 그들 대부분이 좀 '있는' 집안 출신이다. 간섭받기 싫어하고 그 봉급 아니라도 먹고 살 수 있기 때문이다. 그러나 몇 년 후에 우연히 만나 보면 사회적으로 제자리를 찾지 못한 경우가 많다. 초년 직장생활의 2~3년은 평생을 좌우하는 사회 기본 연수 기간이다.

> 가까운 것을 버리고 먼 것을 꾀하는 사람은 수고롭기만 하고
> 공적을 얻지 못하고, 먼 것을 버리고 가까운 것을 꾀하는 사람은
> 편안하면서도 좋은 결과를 얻는다. —**황석공**黄石公 **《삼략三略》**
>
> 釋近謀遠字 勞而無功 석근모원자 노이무공
> 釋遠謀近者 佚而有終 석원모근자 일이유종

당신에게 없는 것을 탐하여 가지고 있는 것을 망치지 말라.
사람에게는 자신을 떠나가는 모든 것을 뒤쫓아가고, 반대로 자신을
쫓아오는 모든 것에서는 도망치려 하는 야릇한 본능이 있다. —서양 속담

Don't spoil what you have by desiring what you have not.
The instinct of a man is to pursue everything that flies from him,
and to fly from all that pursue him.

이솝우화 **배고픈 사자**

배고픈 사자가 토끼를 막 잡아먹으려는 순간 바로 옆으로 사슴이 뛰어갔다. 사자는 토끼를 버리고 사슴을 쫓아갔으나 사슴은 재빨리 도망가 버렸다. 사자가 돌아와 보니 잡았던 토끼마저 달아난 뒤였다. 결국 사자는 주린 배를 잡고 후회했다.
_가진 것을 버리고 먼 것을 좇지 말라.

확실하게 내 손안에 든 것이 있는데도 그것을 버리고 불확실한 것을 좇다가 모든 것을 잃는 경우가 있다. "있을 때 잘하라."라는 세간의 말도 있듯이, 현재 처해 있는 주위 환경과 가족, 친지 그리고 이웃에게 감사하고 가슴에서 우러나는 애정과 인정을 베풀며 살아갈 때 행복할 수 있다.

만족할 줄 알면 욕됨이 없고, 멈출 줄 알면 위태롭지 않다. —(노자도덕경)
知足不辱 知止不殆 지족불욕 지지불태

받아들이고
인정하라

어떤 일의 시작과 끝, 원인과 결과에는 반드시 그 까닭이 있다. 그 까닭을 알 수 없다고 해서 일 그 자체를 부정할 수는 없다. 그 자체가 하늘의 명命이니 주어진 일에 최선을 다하고 그 결과를 받아들이는 것이 순명順命이다.

이솝우화 **야생 당나귀와 집 당나귀**

목장에서 평화롭게 풀을 뜯고 있는 집 당나귀를 보고 야생 당나귀가 부러워했다. 그러나 얼마 후 등에 짐을 잔뜩 지고 주인의 채찍을 맞으며 걷고 있는 집 당나귀를 보고는 야생 당나귀가 멀리서 소리쳤다. "난 더 이상 너를 부러워하지 않아! 너는 풍족하게 먹는 대신 아주 비싼 대가를 치르고 있으니까."

_다른 사람과 비교하지 말라.

과거를 있는 그대로 받아들여라.

현재도 있는 그대로 인정하라. 다가올 미래를 기대하라. —**트레이시 L. 맥네어**

Accept the past for what it was. Acknowledge the present for

what it is. Anticipate the future for what it can become.

어떤 사람이 노자의 집을 찾았다. 그의 집에 들어서니 살림살이는 궁색하고 집 안은 온통 산만하게 어질러 있었다. 실망한 그는 그만 노자를 만나지도 않고 돌아갔는데, 다음 날 다시 와서 어제의 잘못을 사과했다. 그러자 노자가 다음과 같이 말했다.

"그대는 지자知者가 어떻고 성인聖人이 어떻다는 등의 관념에 사로잡혀 있는 것 같은데, 나는 그 따위 것에서 이미 벗어났다네. 어제 만약에 자네가 나를 소牛라고 했다면 나는 그대로 인정했을 것이고, 또 말馬이라 했다 하더라도 인정했을 것이야(呼我馬也 而謂之馬호아마야 이위지마). 사람들이 그렇게 말할 때는 나름대로 근거가 있을 게 아니겠는가. 그것이 싫다고 해서 거부한다면 더 고통스럽기만 하겠지. 나는 무엇에든 거역하는 일이 없다네."

노자와 같이 아무것에도 사로잡히지 않고 걸림이 없이 살아가는 삶, 인생을 달관한 삶이 아름답고 평화로운 삶이다.

아무것도 바라지 않는 사람은 복을 받을지어다.
왜냐하면 그는 결코 아무것에도 실망할 일이 없기 때문이다. —**서양 속담**

Blessed is he who expects nothing,

for he shall never be disappointed.

우리가 고민하는 것의 대부분은 사람과 물질에서 비롯된다. 고통과 걱정은 욕심과 기대에 대한 불만족과 실망 때문에 생긴다. 기대나 욕심이 많지 않다면 실망도 적기 마련이다. 바다는 태풍이 불어야 깨끗해지고 하늘은 폭풍우가 세차게 몰아친 후 맑아지듯, 우리의 마음이 깨끗해지는 데는 두 가지 방법이 있다. 하나는 고통과 고난을 겪는 것이고, 또 하나는 깊이 사랑하는 것이다. 사람들은 역경을 통해 진솔함과 성실함의 지혜를 터득할 수 있다.

만사는 사람이 계산하고 비교해서 되는 일이 아니요,

일생은 모두가 운명이 안배된 것이다.

萬事不由人計較 一生都是命安排 만사불유인계교 일생도시명안배

사랑은 모든 형상으로부터, 자유로운 지혜와 자비심으로부터 나온다. 좌절과 아픔으로 마음속 깊이 뜨거운 눈물을 흘려 본 적이 있다면, 그 사람의 마음은 비 온 뒤 하늘처럼 맑고 투명할 것이다.

겨울이 추울수록 봄에 피어나는 꽃은 더 곱고 아름답다. 빛과 그림자, 낮과 밤, 그리고 고난과 행복은 결국 한몸이다. 근심 걱정은 불안한 마음에서 오고, 좋은 일善業을 많이 하고 살면 불안과 두려움이 사라지고 편안해진다.

어쩔 수 없는 일에 대해 슬퍼하지 말라. —서양 속담

Never grieve what you cannot help.

이솝우화 **노새와 등짐**

노새 두 마리가 등짐을 지고 길을 가고 있었다. 앞선 노새는 돈이 가득 든 자루를, 뒤의 노새는 곡식이 가득 든 자루를 지고 있었다. 앞선 노새는 자신의 귀한 짐을 자랑스럽게 여기며 머리를 꼿꼿하게 쳐들고 걸었다. 그런데 갑자기 도적들이 나타나 앞의 노새를 때려눕히고는 돈 자루를 빼앗아 달아나고 말았다. 하지만 도둑들은 뒤에 있는 노새의 곡식 자루에는 아무 관심도 보이지 않았다. 얻어맞고 돈 자루마저 빼앗긴 노새가 자신의 불행을 슬퍼하자 뒤에 있는 노새가 말했다. "내 짐이 보잘 것 없어 정말 다행이야. 잃어버린 것도 없고 다치지도 않았으니."

_가끔은 가난한 것이 부유한 것보다 나을 수도 있다.

너의 운명을 즐겨라. —베르길리우스[8] 〈아이네이스〉

Enjoy your own lot.

---

[8] 베르길리우스Publius Vergilius Maro(BC 70~BC 19). 고대 로마의 시인. 풍부한 교양, 시인으로서의 완벽한 기교 등으로 '시성詩聖'으로서의 대우를 받았다. 7년에 걸쳐 완성한《농경시農耕詩》, 미완성 작품인 장편 서사시《아이네이스》등의 대작을 남겼다.

집착하지
말라

자녀를 가진 사람은 자녀를 보고 기뻐하고, 소를 가진 사람은 소를 보고 기뻐한다. 물질적인 집착이야말로 인간의 기쁨이 아닐 수 없다. 그러나 반대로 자녀를 가진 사람은 자녀 때문에 걱정하게 되고, 소를 가진 사람은 소 때문에 걱정하게 된다.[9]

만족할 줄 알아서 항상 넉넉하면 죽을 때까지 욕됨이 없을 것이요,
끝맺을 때를 알면 죽을 때까지 부끄러움을 당하는 일이 없을 것이다. —《노자》

知足常足 終身不辱 지족상족 종신불욕

知止常止 終身無恥 지지상지 종신무치

인간의 근심 걱정은 집착하는 마음에서 비롯되니 집착이 없는 사

---

[9] 정목 스님의 《마음 밖으로 걸어가라》 중에서.

람에게는 근심도 걱정도 없다. 집착하는 까닭에 탐욕이 생기고, 탐욕 때문에 얽매이고, 얽매이는 까닭에 생로병사와 근심, 걱정, 슬픔, 괴로움과 같은 갖가지 번뇌가 뒤따르는 것이다.

만족할 줄 모르는 것보다 더 큰 화는 없다. —〈노자〉

禍莫大于不知足 화막대우부지족

집착하지 않으면 자유롭다. 눈으로 사물을 보되 사물에 집착하지 않고, 귀로 소리를 듣되 소리에 집착하지 않으면 그것이 해탈이다. 눈이 본 것에 집착하지 않으면 눈이 선에 들어가는 문이 되고, 귀가 소리에 집착하지 않으면 귀가 선에 들어가는 문이 된다. 사물의 겉모습만을 보는 사람은 그 사물에 구속되지만, 사물의 무상함을 깨달아 집착하지 않으면 언제나 자유롭다. 무엇엔가 얽매이지 않는 것이 바로 자유로운 것이다.[10]

마음이 편안하고 욕심이 없으면 모든 근심 걱정이 사라진다. —〈채근담〉

心境恬淡 絶慮忘憂 심경념담 절려망우

흐름을 따라가지 못하고 항상 높아지려고 애쓸 때 집착과 불안, 그리고 절망이 따른다. 기다려야 할 때는 기다리고, 잃고 얻는 흐름에 따를 줄 아는 것이 올바른 삶의 지혜다. 집착에서 불안이 생긴다.

---

[10] 달마대사의 '오성론悟性論' 중에서.

삶의 흐름을 따라 사는 것이 집착에서 벗어나 마음의 평온을 얻는 길이다. "스스로 만족할 줄 아는 사람이 바로 부자다(知足者富지족자부)."라는《노자도덕경》의 구절은 과욕을 삼가고 자족하는 삶의 가치를 일깨워 준다.

부자가 되기를 바라는 사람은 재물을 내줄 수 없고,
유명해지기를 바라는 사람은 명성을 내줄 수 없으며,
권세를 탐하는 사람은 남에게 권력을 물려줄 수 없다. —《장자》〈천운편〉
以富爲是者 不能讓祿 以顯爲是者 이부위시자 불능양록 이현위시자
不能讓名 親權者 不能與人柄 불능양명 친권자 불능여인병

모든 것은 흘러간다. 그 어떤 것에도 집착하지 말고 이 순간을 받아들여라. 언제나 오늘밖에 없다. 욕심을 버리고 편안한 마음으로 최선을 다하면 오늘이 즐겁다. —오쇼 라즈니쉬[11] 〈숨은 조화〉

만족이 행복이다. —토머스 풀러 《잠언집》
Content is happiness.

같은 강물 속에 두 번 들어갈 수 없다. 집착하고 매달리지 말라. 이세상이 지옥이라는 말이 있다. 매달리고 집착하는 것이 곧 지옥이다. 삶은 강물같이 항상 흘러간다. 그 흐름을 받아들여라.

---

[11] 오쇼 라즈니쉬Osho Rajneesh(1931~1990). 본명은 라즈니쉬 찬드라 모한 자인Rajneesh Chandra Mohan Jain. 인도의 작가, 철학자, 교수.

쌓아 두면 무겁고
버리면 가벼워진다

다음은 몽골제국 초기의 공신으로 세제稅制를 정비하여 몽골제국의 경제적 기초를 확립한 명제상 야율초재耶律楚材가 한 말이다. 이 명언을 좌우명으로 삼은 정치가가 무수히 많았다고 한다.

한 가지 이익을 보는 것은 한 가지 해害를 제거하는 것만 못하다.
興一利不若除一害 흥일리불약제일해

새로운 것을 만드는 것보다 불합리하고 불필요한 일을 없애는 게 더 중요하다. 그러나 현실적으로 그렇게 하기는 쉽지 않다. 왜냐하면 윗사람이 볼 때 새롭게 일을 추진하면 열심히 일하는 사람으로 보이지만, 하던 일을 개선하게 되면 곧바로 앞으로 나아가지 못하고 한동안은 뒤로 가기 때문에 부정적으로 비치기 쉽기 때문이다.

제대로 쓰지도 않는 재산을 가지고 있는 것은
결국 한 푼도 가지고 있지 않은 것과 다를 바 없다. —**서양 속담**
Wealth unused might as well not exist.

현재 불필요한 것을 없애는 데는 큰 결단과 용기가 필요하다. 마음에는 근심이, 머리에는 망념이 쌓여 생각이 복잡해진다. 몸에는 온갖 음식물이 쌓여 무거워지고 고혈압, 당뇨, 고지혈증 같은 성인병을 일으킨다.

지난 날의 근심 걱정은 잊어버리고, 오늘을 살아라. —에피쿠로스[12]
Live today, forgetting the anxieties of the past.

쌓아 두기와 버리기의 균형을 찾으면 삶은 훨씬 단순해지고 내면의 기쁨은 커질 수 있다. 많은 생각과 많은 일들 가운데 정말 내 삶을 아름답게 하고 의미 있게 하는 것이 무엇인지 생각해 보라. 그것만 남겨 두고 모두 버려야 내 삶이 새로워진다. 버리고 비워야 그 자리에 새로운 것들을 더 많이 채울 수 있다.

---

[12] 에피쿠로스Epikouros(BC 342?~BC 271). 고대 그리스의 철학자.

희망이 곧
행복이다

"살아 있는 한 희망은 있다. 비관하지 말라.", "당신이 보고자 하면 볼 것이다."라는 서양 속담처럼 희망을 가지고 자신의 역량에 맞는 목표를 향하여 끊임없이 노력하면 꿈은 이루어진다.

구름 뒤에선 태양이 빛나고 있다. —**서양 속담**

Behind the clouds is the sun still shining.

태양은 저녁이 되면 석양이 물든 지평선으로 지지만, 아침이 되면 다시 떠오른다. 태양은 결코 이 세상을 어둠이 지배하도록 놔두지 않는다. 태양은 밝음을 주고 생명을 주고 따스함을 준다. 태양이 있는 한 절망하지 않아도 된다. 희망이 곧 태양이다. —**어니스트 헤밍웨이**[13]

---

[13] 어니스트 헤밍웨이Ernest Miller Hemingway(1899~1961). 《노인과 바다》(1952년)로 퓰리처상, 노벨문학상을 수상한 미국의 소설가. 《무기여 잘 있거라》, 《누구를 위하여 종은 울리나》 등의 작품이 있다.

재산이 많다고 행복한 것은 아니다. 우리는 목표를 향해 나아가는 과정 속에서 행복을 느낄 수 있다. 자신이 계획했던 일들을 이룰 때 느끼는 성취감, 기쁨, 이런 감정들이 바로 행복이다. 행복은 돈이 많다고 해서 느낄 수 있는 값싼 감정이 아니다. 행복은 결코 돈으로는 살 수 없다.

1982년 미국 보스턴의 한 병원에 뇌종양에 걸린 소년이 누워 있었다. 이름은 숀 버틀러이고 나이는 일곱 살. 숀은 회생 불가 판정을 받았다. 야구광인 숀은 보스턴 레드삭스의 홈런타자 스테플턴의 열렬한 팬이었다. 어느 날 숀의 아버지는 스테플턴에게 편지를 썼다. "내 아들은 지금 뇌종양으로 죽어가고 있습니다. 당신의 열렬한 팬인 숀이 마지막으로 당신을 한번 보기를 원합니다." 편지를 받은 스테플턴은 숀이 입원한 병원을 방문해 이렇게 말했다. "숀, 내일 너를 위해서 멋진 홈런을 날릴게. 희망을 버리면 안 돼!" 이튿날 스테플턴은 소년과의 약속을 지켜 홈런을 쳤고 그 소식은 숀에게 바로 전달됐다. 그때부터 소년의 병세는 완연한 회복 기미를 보였고, 5개월 후에는 암세포가 말끔히 사라져 퇴원할 수 있었다. 기적 같은 일이 일어난 것이다. 미국 언론들은 이 사실을 연일 대서특필했다. 기억하라. 희망과 기쁨은 암세포를 죽이는 명약이다. 사람에게 가장 무서운 병은 '절망'이라는 악성 종양이다.

—김장환 목사의 《새 비전을 가지고 삽시다》 중에서

희망은 중병도 고치는 명약이다. 절망을 보는 마음을 가진 사람에게는 절망의 삶이 현실로 다가오고, 희망을 보는 마음을 가진 사람에게는 희망의 삶이 현실이 된다.

Where there is no hope, there can be no endeavor.

겨울에 대지를 굳게 닫고 얼리는 엄동이 없다면 봄부터 여름에 걸쳐 초목이 무성하게 성장하지 못한다. 사람도 간난신고艱難辛苦(갖은 고초를 다 겪는 고생)를 경험하지 않으면 후일의 번영은 없다. —《한비자》

탈무드

가난과 희망은 어머니와 딸로 비유할 수 있다. 딸과 사귀는 동안 어머니는 어느 틈엔가 잊어버리고 마는 것처럼, 가난한 사람에게 필요한 약은 오직 희망이며, 부유한 사람에게 필요한 약은 오직 근면뿐이다.

인간의 최대 행복은 희망을 갖는 데 있다. —서양 속담
The greatest happiness of man is hope.

사람들은 자신에게 많은 재산이 있으면 행복할 것이라고 생각한다. 그러나 진정한 행복은 힘든 시련 속에서도 목표를 향해 나아갈 때 그 노력의 과정 속에서 피어난다. 부자보다 평범한 사람들이 더 행복하게 사는 이유는 꼭 이루고 싶은 꿈이 있기 때문이다.

진정한 성공은
행복해지는 것이다

자주 그리고 많이 웃는 것,

현명한 이에게 존경을 받고

아이들에게서 사랑을 받는 것,

정직한 비평가의 찬사를 듣고

친구의 배반을 참아내는 것,

아름다움을 식별할 줄 알며

다른 사람에게서 최선의 것을 발견하는 것,

건강한 아이를 낳든

한 뙈기의 정원을 가꾸든

사회 환경을 개선하든

자기가 태어나기 전보다

세상을 조금이라도 살기 좋은 곳으로

만들어 놓고 떠나는 것,

자신이 한때 이곳에 살았음으로 해서

단 한 사람의 인생이라도 행복해지는 것,

이것이 진정한 성공이다. —**랠프 왈도 에머슨**[14]

　성공이란 좋은 대학을 졸업하고, 좋은 직장에 다니고, 돈 많이 버는 것이 아니다. 어느 분야에서건 우리가 태어난 세상을 지금보다 조금이라도 더 나은 세상으로 만드는 데 도움을 주는 것, 작으나마 불우이웃을 돕는 것, 동네 어느 빈 터에 나무 한 그루라도 심고 가꾸어 동네 사람들을 기쁘게 만드는 것, 시골에서 작은 농토에 농사를 짓고 갯마을 바다에서 고기잡이를 해서라도 내 자손들이 이 세상에 기여하고 잘 살아갈 수 있도록 끝까지 잘 보살펴 주는 것이 성공이다.

탈무드 **사과나무 심기**

한 노인이 사과나무를 심고 있었다. 지나가던 사람이 그를 보고 물었다. "어르신, 사과가 언제쯤 열릴까요?" "10년쯤 지나면 열리겠지. 하지만 그것은 중요하지 않다네. 지금 내가 사과를 먹을 수 있는 것은 아버지께서 나무를 심어 두었기 때문이지. 나도 같은 일을 하고 있는 거라네."

　현자가 말했다. "마지막 날이라 생각하고 일하라. 하나님을 위해

---

14 랠프 왈도 에머슨Ralph Waldo Emerson(1803~1882). 미국의 철학자, 시인. 대표작으로 에세이 《세상의 중심에 너 홀로 서라Self-Reliance》가 있다.

죽기 전날까지 일하라." 그러자 사람들은 "우리가 언제 죽을지 그걸 어떻게 알아요?"라며 불평했다. 그러자 현자가 또 말했다. "하루하루를 죽기 전날처럼 살아라." 스피노자 역시 "내일 지구가 멸망하더라도 나는 오늘 한 그루의 사과나무를 심겠다."고 말했다.

화와 복, 괴로움과 즐거움은 모두 생각의 차이에 불과하다. —〈채근담〉

禍福苦樂 一念之差 화복고락 일념지차

사람이 살아가면서 행복이냐 불행이냐 하는 것은 모두 내 마음이 만들어 내는 것이다. 석가모니는 "욕심이 불같이 타오르면 그것이 곧 불구덩이인 것이고, 탐욕과 애착에 빠져들게 되면 그곳이 바로 고해가 된다."고 말했다. 생각에 따라 그 경계가 달라지는 것이다.

인간의 마음가짐이 바로 행복이다. —프리드리히 실러[15] 《발렌슈타인의 야영지》

The will of a man is his happiness.

"행복의 가장 큰 장애는 과대한 행복을 기대하는 것이다."라는 17세기 프랑스의 계몽주의 사상가 베르나르 퐁트넬의 말은 과욕을 부리는 것이 불행의 씨앗임을 일깨워 준다. 《전쟁과 평화》, 《안나 카레니나》와 같은 작품을 쓴 19세기 러시아의 대문호 톨스토이는 "확실하게 행복해지는 길은 사람을 사랑하는 것이다."라고 했다.

---

[15] 프리드리히 실러Johann Christoph Friedrich von Schiller(1759~1805). 독일의 시인, 극작가. 독일의 국민시인으로서 괴테와 더불어 독일 고전주의문학의 2대 거성으로 추앙받는다.

4

가까이 있는 이에게
잘하라

가장 가까운 주변 사람들, 바로 내 가족, 친척, 이웃, 직장동료들에게
진심으로 잘 대해 주면 그 평판이 멀리까지 전해져
멀리 있는 사람들도 나에게 모여든다.

남을 배려하는
마음을 가져라

다른 사람의 성공과 공덕에 박수갈채를 보내는 아름다운 마음을 키워야 한다. 다른 이들을 도와주고 사회에 봉사하려는 마음이 이타심利他心이다. 지혜로운 사람은 주변 사람들이 잘되는 것을 내 일같이 즐거워하며, 딛고 올라서려 하지 않는다. 그러나 소인배는 늘 다른 사람을 사다리로 이용해 짓밟고 올라가려 한다.

남의 궂은일은 함께 고민하고, 좋은 일은 함께 기뻐하라.
남의 급한 일은 함께 돕고, 위급한 일은 함께 구원해 주어야 한다.

—《명심보감》〈성심편省心篇〉

悶人之凶 樂人之善 민인지흉 낙인지선
濟人之急 救人之危 제인지급 구인지위

동물도 남을 배려하는 마음, 즉 이타심이 있다. 얼마 전 스위스 베른 대학교의 연구팀은 다른 쥐에게 도움을 받은 적이 있는 쥐가 또 다른 쥐를 도와준다는 사실을 알아냈다. 다른 쥐의 도움을 받은 쥐와 그렇지 않은 쥐를 관찰한 결과 전자만이 다른 쥐가 먹이를 찾는 걸 도와줬다고 한다. 연구를 주도한 마이클 타보스키 교수는 "사람처럼 동물도 진화와 경험을 통해 같은 종에게 이타심을 발휘한다는 사실이 밝혀졌다."고 말했다.

> 세상을 살아감에 있어서 한 걸음 양보함을 높게 여기고,
> 한 걸음 물러섬이 곧 앞으로 나아가는 바탕이 된다.
> 사람을 대함에 있어서 조그마한 너그러움이 복이 되고,
> 남을 이롭게 함이 바로 나를 이롭게 하는 근본이 된다. —《채근담》
> 處世 讓一步爲高 退步 卽進步的張本 처세 양일보위고 퇴보 즉진보적장본
> 待人 寬一分是福 利人 實利己的根基 대인 관일분시복 이인 실리기적근기

탈무드 **이타심**

자기만 생각하고 모든 것을 자신의 이익에 귀착시키는 사람은 결코 행복하게 살 수 없다. 진정으로 자신을 위해서 살려면 내 주위를 위해서 살아야 한다.

> 지혜보다 더 중요한 것은 남을 돕는 마음이다.
> 이를 깨닫는 것이 지혜의 시작이다. —《슈바이처》

"사촌이 땅을 사면 배가 아프다."는 말이 있다. 남이 잘되는 것을 기뻐해 주지는 않고 오히려 질투하고 시기하는 것을 비유적으로 이르는 말이다. 우리가 다른 이의 성공과 공덕에 박수갈채를 보내는 아름다운 마음(隨喜功德願수회공덕원─《법화경》)과 스승과 원로를 존경하고 모실 줄 아는 예의 마음을 가질 때, 우리 사회의 모든 구성원들이 행복해질 수 있을 것이다.

> 귀해지고자 하면 반드시 천한 것을 근본(뿌리)으로 삼아야 하고,
> 높아지고자 하면 반드시 낮은 곳을 기본(바탕)으로 삼아야 한다.
> 하늘이 무엇을 주고자 하면 먼저 괴로움을 주고,
> 하늘이 무엇을 헐어 버리고자 하면 반드시 먼저 쌓게 해 준다. ─《설원》

必貴以賤爲本 필귀이천위본

必高以下爲基 필고이하위기

天將與之 必先苦之 천장여지 필선고지

天將毀之 必先累之 천장훼지 필선누지

자신을 낮추고 상대를 받들어 주는 것이 배려의 기본이다. 나를 낮추고 상대를 받들면 상대가 나를 높여 준다. 나를 낮추는 것은 결국 나를 높이는 씨앗을 심는 일과 같다. 배려는 남을 위한 것이지만 훗날 나에게 돌아오기 마련이다.

가까울수록
잘하라

《중용》에 이르기를 "자신을 수양하고, 어버이와 친족을 친애하며, 신하를 몸소 살피고, 백성들을 자식처럼 돌보라."라고 하였다. 이는 천하와 국가를 다스리는 원리로, 즉 '가까울수록 잘하라.' 라는 뜻이다. 그런데 오늘날 우리는 과연 어떻게 하고 있는가? 대부분은 이와 반대로 살고 있다. 남들에게는 싫은 소리를 잘 못하면서 가족과 가까운 사람들에게는 함부로 대하고 쉽게 상처를 입힌다.

가까이 있는 사람들을 기쁘게 하면 멀리 있는 사람들도 찾아온다. ─《논어》
近者說 遠者來 근자열 원자래

최근 이슈가 되고 있는 우울증과 자살은 분노가 자신을 향하는 데 그 원인이 있다고 한다. '가까울수록 잘하라.' 라는 말은 자신에게 가장 가까운 이가 바로 자기 자신이므로 '자신에게 충실하라.'라는 뜻이 기도 하다.

내 가족, 친척, 이웃, 직장동료 등에게 진심으로 잘 대해 주면 그 평판이 멀리까지 알려지게 되어 멀리 있는 사람들도 나에게 모여든다. 여기서 진심이란 신의로서 대하는 것을 말한다.

사람들 사이에 신의가 부족하면 불신이 따르기 마련이다. —⟨노자도덕경⟩
信不足焉 有不信焉 신부족언 유불신언

너와 나, 리더와 조직원, 지도자와 국민 사이에 말과 행동이 일치하는 진실함, 즉 신의信義가 바탕이 되어야 한다. 신信이 부족하면 서로 의심하게 되고 이런 의심하는 마음이 불신이다. 서로 불신하면 결국에는 아무 일도 이룰 수 없다.

가까운 사람들과 친하지 않으면서 먼 사람들과 가까이 하려 애써서는 안 된다. 친척들조차 따르지 않는다면 밖의 사람들과 사귀려 애써서는 아니 된다. 그러므로 옛 임금들은 천하를 다스림에 있어서 반드시 가까운 것을 잘 살핀 다음에 먼 것을 가까이하였던 것이다. —⟨묵자⟩ ⟨수신편⟩
近者不親 無務來遠 親戚不附 無務外交 是故先王之治天下也 必察邇來遠
근자불친 무무래원 친척불부 무무외교 시고선왕지치천하야 필찰이래원

가까운 이웃이 멀리 사는 친척보다 낫다. —서양 속담
Near neighbor is better than a distant cousin(relative).

멀리 있는 물로는
가까운 불을 끌 수 없다

옛날 노나라가 이웃의 강국 제나라의 압력을 받게 되자, 노나라의 왕이 아들을 진나라와 초나라로 보내 유사시 원조를 받으려고 했다. 이에 이조라는 중신이 아뢰기를 "먼 곳의 물은 가까이에서 난 불을 끄지 못하는 법입니다. 분명 진나라와 초나라는 강국이지만 멀리 떨어져 있으니 이웃의 제나라가 공격해 올 때 무슨 소용이 있겠습니까?"라고 했다.

멀리 있는 물로는 가까운 불을 끌 수 없고,
멀리 있는 친척은 가까이 있는 이웃만 못하다. —《한비자》
遠水不救近火 遠親不如近隣 원수불구근화 원친불여근린

좋은 이웃이 멀리 있는 형제보다 낫다. —**서양 속담**

A good neighbor is better than a brother far off.

친척이면서 친척 같지 않은 경우가 있고,

친척이 아닌데 오히려 친척 같은 이가 있다. —**(현문)**

是親不如親 非親却是親 시친불여친 비친각시친

불은 가까이 있어야 화기를 느낄 수 있는 것처럼 인간관계도 가까
이에서 서로 마음을 열고 진솔하게 대해야 따뜻함을 느낄 수 있다.
가까이 있는 동료들과 더욱 진솔하고 친근하게 지내며 멀리 있는 친구
들을 마음속에 더욱더 소중하게 여기며 살아가야 한다.

친척들도 그대를 좋아하지 않으면 사람을 사귀려 하지 말고,

일의 끝을 처음처럼 하지 못한다면 많은 사업을 하려 하지 말라. —**(현문)**

親戚不悅無務外交 친척불열무무외교

事不終始無務多業 사불종시무무다업

오랫동안 보지 않으면 잊혀진다. —**서양 속담**

Long absent, soon forgotten.

귀하고 천해 봐야
세상 인심을 알게 된다

필자는 국제상사에서 오랜 시간 근무했다. 5공 시절에 정치적인 사태를 맞아 국제상사가 타 그룹에 인수되는 과정에서 인수그룹 회장과 국제상사의 중역들이 함께 저녁 식사를 하는 자리가 있었다. 당시 국제상사 사장은 회사가 해체되는 과도기에 임명되었는데, 식사 자리에서 국제상사의 경영 전반에 대해 강하게 비판했다. 보다 못한 필자가 나서서 "몸 담고 있는 회사 얘기는 하지 말자."고 중간에 말을 끊은 적이 있다.

한 번 귀해지고 한 번 천해봐야
세상의 교제가 무엇인지 알 수 있다. —《사기》

一貴一賤 交情乃見 일귀일천 교정내견

다니던 회사가 잘못되기를 기다렸다는 듯 비판하는 것은 자신을 깎아내리는 짓이고 누워서 침 뱉는 격이다. 진돗개는 어린 시절 6개월만 같이 살아도 평생 첫 주인을 잊지 못한다고 한다. 사람이 개한테도 배워야 할 점이 있다.

> 군자는 절교를 한 뒤에도 그 사람을 욕하지 않고,
> 충신은 나라를 떠나도 자기변명을 하지 않는다. —〈맹자〉
>
> **君子交絶 不出惡聲** 군자교절 불출악성
> **忠臣去國 不潔其名** 충신거국 불결기명

전국시대 영웅의 일대기를 그린 악의樂毅[1]의 〈보연혜왕서報燕惠王書〉에도 나오는 격언으로, 오늘날 소인배들에게 귀감이 되는 교훈이다. 군자는 절교한 뒤에도 상대를 험담하지 않고, 충신은 섬기던 나라를 떠나게 됐을 경우에도 자기변명을 늘어놓지 않는다. 다시 말해 자신이 떠난 나라에 대해 나쁜 소리를 함으로써 자신의 이로움을 꾀하려하지 않는다는 뜻이다.

> 앞에서는 복종하다가 돌아서면 뒷말 한다. —〈서경〉
>
> **無面從退有後言** 무면종퇴유후언

---

[1] 중국 전국시대에 활약한 연燕나라의 무장.

《사기》의 〈회음후전淮陰侯傳〉에 나오는 말로, '걸견폐요桀犬吠堯'가 있다. 걸왕의 개가 요임금을 향하여 짖는다는 뜻으로, 자기의 주인에게 충성을 다함을 비유적으로 이르는 말이다. 또 "도둑의 개도 주인을 보고는 짖지 않고, 새도 제가 살던 집을 더럽히고 떠나지 않는다."라는 속담이 있다. 군자는 헤어져도 친구를 욕하지 않고 충신은 나라를 떠나도 해하지 않는 법이다.

집안이 망하고 나면 종이 주인을 기만하고
시운이 쇠하면 귀신이 사람을 희롱한다. —〈현문〉
家敗奴欺主 時衰鬼弄人 가패노기주 시쇠귀롱인

다음은 중국이 국제관계에서 힘을 기르고 때를 기다렸다가 마침내 외교 전략에서 공세적으로 변모하는 과정을 단적으로 보여 주는 사자성어四字成語들로, 우리 인생살이에서도 지표와 교훈이 될 수 있는 내용들이다.

덩샤오핑鄧小平 도광양회韜光養晦: 빛을 감추고 어둠 속에서 힘을 기른다.
장쩌민江澤民 화평굴기和平崛起: 평화롭게 우뚝 선다.
후진타오胡錦濤 유소작위有所作爲: 문제가 생기면 적극 개입해서 성취한다.
시진핑習近平 부국강병富國强兵: 경제적, 군사적 강국으로 만든다.
        대국굴기大國崛起: 큰 나라로 우뚝 선다.
        돌돌핍인咄咄逼人: 기세등등하게 앞으로 나아간다.

마음이 편한
사람이 좋다

살아 보니 돈이 많은 사람, 잘난 사람, 많이 배운 사람보다 마음 편한
사람이 좋다. 살다 보니 돈이 다가 아니고, 잘난 게 다가 아니며, 많
이 배운 것 역시 다가 아니다. 마음 편하게 사는 게 제일이다. 돈보다
는 마음을, 잘남보다는 겸손을, 지식보다는 지혜를 깨우치며 살아가
는 것이 현명한 길이다.

때론 그저 말없이 함께 있어 주는 친구가
장황한 충고보다 더 큰 위로가 된다. —**서양 속담**
Silent company is often more healing than words of advice.

내가 웃을 때 같이 웃어 주는 그런 사람보다는 내가 울고 있을 때
웃음 지으며 날 위로해 줄 수 있는 사람, 비가 내릴 때 우산을 들어

주는 사람보다는 비를 같이 맞아 줄 수 있는 사람, 멀리 떨어져 있어 볼 수 없어도 어디선가 날 그리워하며 기다려 줄 사람, 맹목적인 집착보다는 일심동체一心同體로 항상 내 마음속에 들어와 나를 지켜 줄 수 있는 사람. 사람들은 그런 사람을 곁에 두고 싶어한다.

우리는 같은 생각을 하는 사람들을 통해 위로받고,
생각을 달리하는 사람들을 통해 성장하게 된다. —**프랭크 A. 클라크**[2]
We find comfort among those who agree with us,
growth among those who don't.

사랑이 뚫고 지나간 상처는 곧 아물지만 정이 꽂히면 빼낼 수 없어 계속 아프다. 사랑엔 유통기한이 있지만 정情은 점점 숙성된다. 사랑은 상큼하고 달콤하지만 정은 구수하고 은근하다. 사랑하던 사이는 돌아서면 남이 되지만 정으로 맺어진 관계는 돌아서도 다시 우리가 된다. 사랑이 깊어지면 언제 끝이 보일지 몰라 불안해하지만, 정이 깊어지면 두터운 관계에서 편안함을 느낀다.

세상을 살아가는 것은 세상을 잊어가는 것이니 물질을 초월하여
자신의 처지를 편안히 여기며 천명을 즐길 줄 알아야 한다. —**〈채근담〉**
處世忘世 超物樂天 처세망세 초물락천

---

[2] 프랭크 A. 클라크Frank A. Clark(1911~1991). 미국의 작가, 만화가.

덕德이
사람을 움직인다

덕德이란 무엇인가? 만물에 두루 통하는 선이 덕이다. 선善은 무엇인가? 목숨을 이롭게 하고 만물에 두루 통하는 것이 선이다. 공맹孔孟은 덕을 인간의 길로 보고 그 길을 따라 인의예지仁義禮智를 닦자고 한다. 노장老莊은 덕을 자연의 길로 보고 무위자연無爲自然을 따라가자고 한다. 공맹의 덕은 인간이 닦지만 노장의 덕은 자연으로부터 받는다.

오로지 어짊과 덕만이 사람을 움직이게 한다. —《삼국지》

惟賢惟德 能服於人 유현유덕 능복어인

삼국시대 촉한의 초대 황제 유비劉備는 오吳나라와 싸워서 대패한 후, 승상인 제갈공명諸葛孔明에게 후사를 부탁하고 세상을 떠났다. 이때 그의 아들 유선劉禪에게 한 통의 유서를 남겼다.

"나는 60여 세에 한스러운 것도 후회스러운 것도 없다. 다만 마음에 걸리는 것은 너희 형제에 관한 일이다. (중략) 어짊과 덕이 사람을 움직이게 만드는 것임을 명심해라. 네 아비는 덕이 부족했다. 이 아비를 닮지 말아다오." 유비는 겸허와 신뢰로써 부하를 대했다. 그 누구보다도 덕을 몸에 익혔던 인물이었다. 그런데도 "나는 덕이 모자랐다."고 반성한 걸 보면 그가 큰 그릇이었음을 알 수 있다.

성실誠實과 신의信義를 중히 여기고,
정의正義를 따르는 것이 덕德을 받드는 것이다. —《논어》〈안연편顔淵篇〉
主忠信徙義 崇德也 주충신사의 숭덕야

근본이 없이 겉모습만 성하고 마음속은 사악하여 덕이 없는 사람은 한순간은 남의 눈을 속일 수 있지만 결국은 오래가지 못한다.

이솝우화 어리석은 말

어느 날 짐을 잔뜩 지고 가던 당나귀가 빈 몸으로 가는 말에게 말했다. "짐이 너무 무거워 죽을 지경이야. 좀 거들어 주지 않겠니?" 말은 들은 체도 하지 않았다. 결국 당나귀가 지쳐서 죽게 되자, 주인은 당나귀의 짐을 모두 말에게 옮겼을 뿐만 아니라 죽은 당나귀까지 실었다. 말은 탄식하며 말했다. "가벼운 짐을 마다했더니 더 큰 짐을 지게 되었구나."

_어려운 이웃을 돕는 것은 결국 자기를 돕는 것이다.

좋은 만남이
좋은 인연을 만든다

만남은 인연의 연결고리의 시작이다.
좋은 만남이 좋은 인연을 만들고, 좋은 인연은 좋은 흔적을 남긴다.
그리고 나쁜 인연은 아픈 상처를 남긴다.

만남이 운명을
좌우한다

향을 싼 종이에서는 향내가 나고, 생선을 싼 종이에서는 비린내가 나
기 마련이다. 산행을 하다 보면 깊은 숲 속에서 야생화가 은은히 뿜
어내는 향기가 멀리서도 코끝을 취하게 만든다. 우리의 삶도 누구를
만나느냐에 따라 향기를 풍길 수도 악취를 풍길 수도 있다. 독일의
시인이자 소설가인 한스 카로사는 "인생은 너와 나의 만남이다."라
고 했다.

> 바른 사람과 함께 지내면 저절로 바르게 되지 않을 수 없고,
>
> 비뚤어진 사람과 함께 지내면 저절로 비뚤어지지 않을 수 없다.
>
> —이언적 《회제집晦齋集》〈진수팔규進修八規〉
>
> 夫習與正人居之 不能毋正 부습여정인거지 불능무정
>
> 習與不正人居之 不能毋不正 습여부정인거지 불능무부정

미국의 시인 윌리엄 스태퍼드William Stafford의 〈상처Scars〉라는 시에는 "상처는 말해 준다. 어떻게 세월이 흘러 어떤 일들이 있었는지. 가짜 상처는 없다. 상처에서 우리는 교훈을 배운다."라고 쓰여 있다.

정채봉 선생의 시 〈만남〉에는 세상의 모든 만남이 들어 있다.

> 가장 잘못된 만남은 생선과 같은 만남이다. 만날수록 비린내가 묻어오니까. / 가장 조심해야 할 만남은 꽃송이 같은 만남이다. 피어 있을 때는 환호하다가 시들면 버리니까. / 가장 비천한 만남은 건전지와 같은 만남이다. 힘이 있을 때는 간수하고 힘이 다 닳았을 때는 던져 버리니까. / 가장 시간이 아까운 만남은 지우개 같은 만남이다. 금방의 만남이 순식간에 지워져 버리니까. / 가장 아름다운 만남은 손수건과 같은 만남이다. 힘이 들 때는 땀을 닦아 주고 슬플 때는 눈물을 닦아 주니까. / 당신은 지금 어떤 만남을 가지고 있습니까?

> 충忠과 신信을 주로 삼되, 나보다 못한 자를 사귀지 말며,
> 자신에게 허물이 있거든 서슴지 말고 고쳐야 한다. —《논어》
> 主忠信 毋友不如己者 過則勿憚改 주충신 무우불여기자 과즉물탄개

보잘것없는 죽은 나무뿌리는 나무꾼을 만나면 땔감이 되지만, 훌륭한 공예가나 조각가를 만나면 예술품으로 재탄생하여 세상 밖으로 다시 나오게 된다.

아무리 좋은 금강송이라도 동네의 막목수를 만나면 오두막집이나 축사를 짓는 데 쓰이고, 궁전 짓는 대목수를 만나면 궁전 짓는 데 쓰인다.

거인의 어깨 위에 목말 탄 난쟁이는 거인보다 더 많이 본다. **―디다쿠스 스텔라**
Pigmies placed on the shoulders of giants
see more than the giants themselves.

세상에 태어나는 순간부터 인간은 만남을 시작한다. 산다는 것이 곧 만남이다. 인간의 행복과 불행은 만남을 통해서 결정된다. 누구를 만나느냐에 따라 삶의 모습도, 행복지수도 달라지는 것이다. 나무는 땅을 잘 만나야 큰 나무로 자랄 수 있고, 국민은 지도자를 잘 만나야 평안해질 수 있다. 좋은 만남은 좋은 궁합이다.

천리마 꼬리에 붙은 쇠파리가 천리를 간다. **―중국 속담**
蒼蠅附驥尾而致千里 창승부기미이치천리

탈무드 **가르침**
향수 가게에 들어가면 향수를 사지 않아도 몸에서 향기가 난다. 가죽공장에 들어가면 그대로 나와도 역한 냄새가 난다.

나를 낮추면
남이 나를 높여 준다

좋은 인간관계는 겸손한 자세와 베푸는 마음에서 시작된다. 나를 고집하지 않고 남의 것을 받아들이려는 마음, 상대방을 받들고 나를 낮추려는 자세가 겸손의 기본이고 열린 마음의 시작이다. 상대의 말을 많이 들으면 시비가 없어지고 관계가 평화로워진다.

낮은 곳에 물이 괸다. —**서양 속담**

Where the dike is lowest, the water first runs over.

강과 바다가 모든 골짜기의 왕이 되는 것은 아래로 흘러내리기 때문이다. 성인은 사람들 위에 있고자 하면 반드시 말을 겸손하게 하고, 백성 앞에 나서고자 하면 반드시 뒤로 물러난다. 이로써 위에 있어도 사람들이 그를 짐스러워하지 않고 앞에 나서도 불쾌하게 여기지 않는다. 천하가 기꺼이 성인으로 추대하여 싫어하지 않으니 다툼이 생기지 않는다. 그러므로 세상 어느 누구도 성인과 다툴 수 없다.

—《노자도덕경》 제66장

때로는 낮은 것이 높은 것이 되고 약한 것이 강한 것이 되는 게 세상사요, 어두운 밤이 지나면 새 아침이 밝아오는 것이 자연의 법칙이다. 정글의 제왕인 사자나 호랑이는 작은 먹잇감인 토끼나 사슴을 잡을 때도 결정적인 순간까지 몸을 낮춘 채 숨어서 기어간다. 목에 힘주고 뻣뻣하게 세우고 다니는 사람은 걸리는 곳이 많아서 들어갈 곳이 많지 않다.

이솝우화 **갈대와 올리브나무**

갈대와 올리브나무가 서로 자기가 힘이 세다고 다투었다. 올리브나무는 갈대가 바람만 불면 굽신댄다고 비웃었다. 갈대는 그 말에 대꾸도 하지 않았다. 얼마 후 바람이 몹시 부는 날, 갈대는 몸을 흔들어 강풍을 피할 수 있었지만, 바람과 맞선 올리브나무는 견디지 못하고 결국 부러지고 말았다.

_자신을 낮추어라.

높은 위치에 오를수록 자신을 낮추고 늘 겸손한 마음을 가져야 한다. 높은 곳에 있을 때는 낮은 곳에 있는 사람들을 생각하고, 낮은 곳에 있을 때는 이유 없이 높은 곳을 질투하거나 비방하지 말라. 높은 곳에 서 있는 이들을 존경하며 자신도 그러한 자리에 서기 위해 부단히 노력해야 한다. 인생도 성공도 관계 속에서 이루어지므로 자신을 낮추어야 상대방이 나를 만나는 것을 편안해한다.

자기 분수를 모르고 잘난 척하는 것은 병폐이다. ─〈사기〉

夜郎自大 야랑자대

탈무드

신은 자기 스스로 높은 자리에 앉는 자를 낮은 곳으로 떨어뜨리고, 스스로 겸양하는 자를 높이 올린다. 자만심이 가득 찬 사람은 늘 다른 사람들과 거리를 둔다. 자신의 눈에는 다른 사람이 작게 보이기 때문이다. 그러나 그는 결국 자기 자신도 그들에게는 작게 보인다는 중요한 사실을 잊고 있는 것이다.
_자신을 낮추어라.

교만한 자를 미워하고 겸손한 자를 좋아하는 것이 인지상정이다. ─〈맹자〉

人道惡盈而好謙 인도오영이호겸

누구든지 자기를 높이는 자는 낮아지고,

자기를 낮추는 자는 높아지리라. ─〈마태복음〉 23 : 12

Whosoever shall exalt himself shall be abased;

and he that shall humble himself shall be exalted.

배려하면
배려받는다

목소리가 온화하면 메아리도 온화하고 모습이 단아하면 그림자도 단정하듯 세상만사가 다 내가 하는 대로 돌아오는 법이다. 먼저 베풀고 배려하면 훗날 그 이상으로 되돌아온다.

> 그 사람의 입장이 되어 보지 않고서는 그를 비난하지 말라. —**서양 속담**
> Don't judge a man until you've walked in his boots.

배려란 다른 사람의 처지와 마음을 이해하기 위해서 그 사람과 같은 입장에 서 보는 것이다. 사람들은 상대방을 잘 이해하는 것 같지만 실은 자신의 입장에서 모든 것을 생각하고 판단하는 경우가 많다.

맹인의 등불

한 남자가 깜깜한 밤길을 걸어가고 있었다. 그런데 맞은편에서 맹인이 등불을 들고 걸어왔다. 이상하게 생각한 남자는 맹인에게 물었다. "당신은 앞을 못 보는데 왜 등불을 들고 가십니까?" 맹인이 대답했다. "나는 보지 못하지만 다른 사람들은 맹인이 걸어가고 있다는 것을 알 수 있기 때문이지요."

초청받지 않은 사람

어떤 랍비가 말했다. "내일 아침에는 여섯 사람이 모여 회의를 합시다." 그런데 이튿날 일곱 사람이 모였다. 랍비가 얼굴을 알지 못해 "여기 필요 없는 분은 돌아가 주시오."라고 하자 자리에 꼭 있어야 할 사람이 일어나서 나갔다. 그는 잘못 나온 사람이 무안해할까 봐 자신이 나갔던 것이다.

다른 사람의 허물은 용서하되 내 허물은 용서하지 말며,
자신의 곤경은 마땅히 참고 견디되 다른 사람의 곤경은 방관해서는 안 된다.

—《채근담》

人之過誤宜恕 而在己則不可恕 인지과오의서 이재기즉불가서

己之困辱宜忍 而在人則不可忍 기지곤욕의인 이재인즉불가인

농부와 달팽이

농부가 달팽이를 불에 굽기 시작했다. 달팽이들이 뜨거워서 몸을 비틀며 내는 소리를 듣고 그가 말했다. "자기 집에 불이 났는데 춤을 추다니. 바보 같으니!"

_상대방의 실제 사정을 이해하는 사람은 많지 않다.

항상 처음처럼
한결같아야 한다

사람들과의 관계에서나 무슨 일을 함에 있어서 처음과 끝이 변함없어야 한다. 부귀할 때는 누가 의리 있고 누가 나를 이용하는 소인배인지 쉽게 알아차리기 어렵다.

처음 시작은 잘하지만 끝까지 잘하는 예는 드물다. —**《시경》**

靡不有初 鮮克有終 미불유초 선극유종

소나무와 잣나무는 한여름에 보면 다른 나무들에 비해 화려하지도 눈에 띄지도 않지만, 한겨울에 보면 그 독야청청獨也靑靑함이 빛난다.

날씨가 추워진 이후에야
소나무, 잣나무가 뒤늦게 시든다는 것을 알 수 있다. —**《논어》**

歲寒然後 知松柏之後彫也 세한연후 지송백지후조야

'질풍경초疾風勁草'란 세찬 바람이 불어 봐야 비로소 억센 풀인지 아닌지를 알 수 있다는 말로, 어려울 때 끝까지 의리를 지키는 사람을 비유적으로 이를 때 쓰인다. 다시 말해 고난과 시련을 겪어 봐야 비로소 그 사람의 진가를 알게 된다는 뜻의 《논어》의 명구이다.

근본을 잘 다스리는 사람은 명성을 얻고
근본을 어지럽히는 사람은 명성이 끊긴다. —《한비자》
本治者名存 本亂者名絶 본치자명존 본란자명절

이솝우화 **동족을 배신한 메추리**

어떤 사냥꾼 집에 손님이 찾아왔다. 마땅히 대접할 음식이 없자 사냥꾼은 사냥할 때 야생 새들을 유인하는 데 이용하던 메추리를 잡아서 요리를 하려 했다. 메추리는 은혜도 모르는 사람이라고 주인을 비난했다. "내 동족들까지 유인해서 당신에게 넘겨주었는데 이젠 날 죽이겠다는 건가요?" 사냥꾼이 말했다. "그러니까 잡아 죽일 이유가 더 충분한 거야. 넌 네 동족마저도 배신했으니까."
_배신자의 말로는 파멸뿐이다.

은혜를 베푸는 데는 박하게 시작하여 차츰 후하게 하는 것이 좋다.
먼저 후하게 하고 나중에 박하게 하면 사람들은 그 은혜를 잊는다. —《채근담》
恩宜自淡而農 先農後淡者 人忘其惠
은의자담이농 선농후담자 인망기혜

음덕陰德을
베풀라

음덕은 남에게 드러내지 않고 숨어서 조용히 베푸는 덕행을 뜻한다. 유교 경전 중 하나인 《주례周禮》에서는 '음덕'을 서로 사랑하는 남녀의 정과 같이 밖으로 드러나지 않게 베푸는 선행이라고 했다. "오른손이 하는 일을 왼손이 모르게 하라."라는 성경 구절처럼 말 그대로 좋은 일을 할 때는 남이 모르게 하라는 말이다.

들국화가 깊은 산속에 자라났으나
향내를 맡아 줄 사람이 없다고 해서 향기를 내지 않는 법이 없다. —《현문》
芝蘭生於深林 不以無人而不芳 지란생어심림 불이무인이불방

깊은 산속에서 자생하는 들국화는 보는 이가 없어도 항상 그윽한 향기를 풍기지만 정작 지나가는 이가 그 들국화를 찾기는 쉽지 않다.

들국화처럼 드러내지 않고 선행을 베푸는 것이 음덕이다.

사향(향수)을 지니면 저절로 향기가 풍기는 것인데
어찌 꼭 바람 부는 쪽에 서 있어야 하는가?—**(현문)**

有麝自然香 何必當風立 유사자연향 하필당풍립

베푼 것을 떠벌리는 행위는 사향을 지닌 사람이 바람 부는 쪽에 서
서 주변 사람들에게 자신의 향기를 알려 과시하려는 것과 같다.

음덕, 즉 선행은 무철적無轍迹이라서 하는 일에 그 자취를 남기지 않
는다. 무기無己, 무공無功, 무명無名은 한 몸의 다른 얼굴이다. 무기는
무슨 일을 하는 주체가 없다기보다 그 주체인 '나'가 없음이요, 무공
은 공功이 없다기보다 공의 '임자'인 내가 나서지 않음이요, 무명은
이름이 없다기보다 스스로 제 이름을 내세우지 않음이다.

내가 아는 최대의 쾌락은 선행을 몰래 베풀고
그것이 우연히 알려지는 것이다. —**찰스 램**[1] **(茶話)**

The greatest pleasure I know is to do a good action

by stealth, and to have it found out by accident.

---

[1] 찰스 램Charles Lamb(1775~1834). 영국의 수필가, 시인. 《엘리아의 수필》은 그의 신변 관찰을
멋진 유머와 페이소스를 섞어가며 훌륭하게 문장화한 것으로, 영국 수필의 걸작으로 평가받
고 있다. 이 밖에도 《찰스 램 서간집》 등이 있다.

덕德은 차별이 없다. 즉 평등하다. 이것이 장자의 덕지화德之和로, 즉 덕의 어울림이다. 어울림이니 차별이 없다. 차별이나 분별, 불평 등은 불화不和요, 부덕不德이요, 불행不幸이다.

한 랍비가 사람들이 많이 오가는 거리에서 거지에게 돈을 주었다. 그러자 다른 랍비가 말했다. "사람들이 보는 앞에서 돈을 주는 것은 주지 않는 것만 못하네."《탈무드》에서는 "아무도 보지 않는 데서 베푸는 사람은 모세보다 위대하다."고 말한다.

계곡 물이 흐르는 것은 무슨 '뜻'이 있어서가 아니다. 햇빛이 저렇게 쏟아지는 것도 무슨 '의도'가 있어서가 아니다. 그러나 바로 그로 인해 물과 햇빛은 온갖 생명을 먹여 살린다. 이를 두고 "하지 않고서 한다."고 하는데, 벗 사이의 사귐은 물론이고 모든 인간관계도 그러해야 한다.

베풀어야 돌아오고
비워야 채워진다

복을 많이 짓겠다는 생각이나 받겠다는 생각 없이 자연스레 쌓아가는 선행이 훗날 복덕이 되어 돌아온다. 마음이 넉넉하여 가진 것을 주변에 베푸는 사람이 복의 씨앗을 뿌리는 것이다. 복과 행운은 다른 사람보다 높아지고 더 가지려고 욕심 부리고 탐하는 사람에게는 주어지지 않는다. 자신이 가진 것을 다른 사람에게 베풀 줄 아는 이에게 복은 찾아온다.

> 은덕을 베푸는 사람에게는 반드시 보답이 돌아온다. —《회남자》[2]
>
> 有陰德必有陽報 유음덕필유양보

이스라엘에는 헐문 산에서 내려오는 물이 모이는 갈릴리 바다가

---

[2] 중국 전한前漢의 회남왕淮南王 유안劉安이 저술한 책. 유안이 빈객과 방술가方術家 수천을 모아서 편찬한 것으로, 원래 내외편內外編과 잡록雜錄이 있었으나 내편 21권만이 전한다.

있다. 이 바다는 흘러흘러서 이스라엘 전 국토를 비옥하게 하고 사해로 물을 내보낸다. 그러나 사해는 물을 받기만 하고 내보내지 못하기 때문에 염분이 높아 생명체가 살지 못한다. 내보내야 들어오고, 비워야 채워지는 것이다.

사랑은 사랑을 낳는다. _**서양 속담**

Love begets love.

이솝우화 **은혜 갚은 독수리**

한 농부가 산길을 가다가 덫에 걸린 독수리를 발견하곤 구해 주었다. 며칠 후 그 농부가 낡은 담장의 그늘에 앉아 쉬고 있는데 갑자기 독수리가 나타나 농부가 머리에 두르고 있던 수건을 낚아채 달아났다. 화가 난 농부가 뒤쫓아 가자 독수리는 담장을 벗어난 곳에 수건을 떨어뜨렸다. 그런데 농부가 수건을 찾아 들고 되돌아와 보니 담장이 완전히 무너져 있었다. 독수리는 농부를 위기에서 구출함으로써 그의 은혜에 보답한 것이었다.

_친절한 행동은 작은 것이라도 결코 헛되지 않다.

사람을 겉만 보고 평가하지 말라. 사람마다 그만이 할 수 있는 일이 있다. 내가 정을 준 사람은 내가 어려울 때 잊지 않고 그 정을 되돌려 준다.

베품(德) 속에 부富가 있다. _**키케로 《역설》**

In virtue are riches.

은혜를 베풀면 그것을 기억하지 말고,

은혜를 받으면 그것을 결코 잊지 말라. —**킬론 〈7현인의 금언집〉**

If you confer a benefit, never remember it;

if you receive one, never forget it.

자선

예루살렘에서 자비를 많이 베풀기로 유명한 큰 농장 주인이 있었다. 어느 해 전염병으로 기르던 가축이 모두 죽자 채권자들이 그의 농장을 전부 압류하여 농지만 남게 되었다. 그러자 그는 하나님께서 주신 것을 하나님께서 다시 가져가신 것뿐이라고 태연하게 말했다. 남아 있는 농지에 농사를 짓던 어느 날, 밭을 갈던 소가 갑자기 쓰러져 일으켜 세워 보니 그곳에 보물이 있었다.

차고 넘치면 반드시 비워야 다시 채워지는 것이 만고의 진리이다. 마음이든 물건이든, 나누어 주고 나를 비우면 그 비운 만큼 반드시 다시 채워진다.

가난한 자가 부르짖는 소리를 귀를 막고 듣지 아니하면

자기가 부르짖을 때에도 들을 자가 없으리라. —〈**잠언**〉 **22:13**

Whoever stops his ears at the cry of the poor,

he also shall cry himself, but shall not be heard.

무심코 꽂아 놓은 버들가지가
큰 그늘이 된다

어려운 여건 속에서 자식 교육에 전력을 다했음에도 자식이 성장하고 나면 늙은 부모를 잘 보살피지 않는 경우가 있다. 반면에 무심코 도와준 이웃이나 친지가 뜻밖에 큰 도움을 주기도 한다.

> 정성들여 심은 꽃나무는 꽃이 피지 않는데,
> 무심코 꽂아 놓은 버드나무는 큰 그늘을 만들어 준다. —**〈현문〉**
> 有意裁花花不發 無心揷柳柳成蔭 유의재화화불발 무심삽류류성음

　하천에서 태어난 어린 연어는 바다로 내려가 멀리 북태평양에서 3~5년간 지내다가 자기가 태어난 하천으로 되돌아와 산란을 하고 죽는다. 모천회귀성 어류인 연어와 같이 덕은 베푼 곳으로 되돌아와 복을 낳는다.

탈무드 **뿌리 깊은 나무**

선행보다 지식이 더 많은 사람은 가지는 많지만 뿌리가 얕은 나무와 같아서 바람이 불면 뿌리째 뽑혀 쓰러진다. 반면에 선행이 지식보다 큰 사람은 뿌리가 깊고 가지가 적은 나무와 같아 어떤 바람에도 뿌리째 뽑히는 일이 없다.

사람들은 모두 갖는 것이 얻는 것인 줄은 알면서도

주는 것이 곧 얻는 것임을 알지 못한다. ─〈설원〉

人皆知取之爲取也 不知呂之爲取之 인개지취지위취야 부지여지위취지

이솝우화 **개미와 비둘기**

무더운 여름날 더위에 지친 개미가 냇가에서 목을 축이려다 발을 헛디뎌 물살에 휩쓸리고 말았다. 그때 마침 나무 위에 앉아 있던 비둘기가 개미에게 나뭇잎을 하나 던져 주어 개미는 그 나뭇잎 위에 기어올라가 위기를 모면할 수 있었다. 며칠 후 한 사냥꾼이 비둘기를 겨냥하고 있는데 그것을 눈치 채지 못한 비둘기는 먼 곳만 바라보고 있었다. 그 광경을 본 개미는 사냥꾼의 발꿈치를 꽉 물어 버렸다. 그리하여 화살이 빗나가고, 그 소리에 놀란 비둘기는 다른 곳으로 멀리 날아갈 수 있었다.

_선행은 다른 선행을 낳는다.

아무것도 베풀지 않으면 아무것도 돌아오지 않는다.

─루크레티우스[3] 〈사물의 본성에 관하여〉

Nothing comes from nothing.

---

[3] 루크레티우스Titus Lucretius Carus(BC 94?~BC 55?). 고대 로마의 시인, 철학자.

심은 대로
거둔다

어려운 사람들에게 대가를 바라지 않고 베푸는 것은 적덕積德이고,
권력이나 이권을 가진 사람에게 갖다 바치는 것은 뇌물이다. 베푼다
는 것은 흐르는 물과 같이 낮은 곳으로 내려가 사랑과 인정의 손길을
주는 것으로, 마치 씨를 뿌리는 일과 같다. "적게 심은 자는 적게 거
두고 많이 심은 자는 많이 거둔다." —〈고린도후서〉 9:6

하늘에 죄를 지으면 빌 곳이 없다. —〈논어〉

獲罪於天 無所禱也 획죄어천 무소도야

하늘의 그물은 그물코가 성글지만 하나도 놓치지 않는다. —〈노자도덕경〉

天網恢恢 疎而不失 천망회회 소이불실

《명심보감》에 이르기를 "오이 심은 데 오이 나고 콩 심은 데 콩 난다."[4]라고 하였다. 노자는 이르기를 "하늘의 그물은 넓고 넓어서 엉성한 듯하지만, 잘못에 대해서는 빠뜨리지 않고 벌을 내린다."라고 하였다. 이는 모두 자신이 심은 대로 거둔다는 세상의 이치를 나타낸다.

심은 대로 거둔다. —《명심보감》

自作還自受 자작환자수

하늘의 검은 서둘러 찌르지도 않지만 우물쭈물하는 일도 없다. —단테 《신곡》

The sword of heaven is not in haste to smite. Nor yet doth linger.

탈무드 **뿌린 대로 거둔다**

씨를 뿌리면 거두어야 한다. 남을 해하면 그만큼의 고통을 겪어야 하는 것처럼, 다른 사람에게 선행을 베풀면 좋은 일이 반드시 찾아온다.

나간 대로 돌아온다. —《맹자》

出爾反爾 출이반이

---

4 종과득과種瓜得瓜 종두득두種豆得豆.

이솝우화 **어리석은 농부와 여우**

한 농부가 여우에게 긁혀서 상처를 입고는 복수를 노리고 있었다. 얼마 후 여우를 잡은 농부는 기름을 바른 밧줄을 여우의 꼬리에 묶어 불을 붙인 후 놓아주었다. 그런데 그 광경을 본 신이 여우를 그 농부의 밭으로 달려가게 만들었다. 결국 농부의 곡식더미는 모두 불에 타 버리고 말았다.
_악은 악으로 돌아온다.

박하게 베풀고서 후하게 바라는 사람에게는 보답이 없고,

귀하게 되고 나서 천하던 시절을 잊는 사람은 결코 오래 가지 못한다. —**〈명심보감〉**

薄施厚望者不報 貴而忘賤者不久 박시후망자불보 귀이망천자불구

남을 도울 수 있을 때는 관심을 두지 않고 소홀히 대하다가 정작 자신이 곤란할 때는 찾아가 도움을 청하면서 좀더 도와주지 않는다고 남을 원망하는 태도는 크게 잘못된 것이다. 세상의 야박함을 탓하기 전에 먼저 자신의 인색함을 돌아봐야 한다.

있을 때 베풀지 않으면 궁해졌을 때 주는 사람이 없다. —**〈순자〉**

有而不施 窮無與也 유이불시 궁무여야

씨를 뿌려야 알곡을 거둘 수 있듯이, 내가 먼저 베풀어야 보답이 온다는 것을 명심하라. 복이란 메아리치는 소리와 같다. 먼저 소리를

내지 않으면 메아리는 돌아오지 않는다.

이솝우화 **살인자의 최후**

어떤 살인자가 쫓기고 있었다. 강에 이르러 늑대와 마주친 그는 물가의 나무 위로 올라가 몸을 숨겼다. 그런데 이번에는 나무 꼭대기에 있던 큰 뱀이 슬금 슬금 그를 향해 다가왔다. 결국 살인자는 뱀을 피해 강물로 뛰어들었다. 그러나 물속에서는 악어가 그를 기다리고 있었다.

_뿌린 대로 거둔다.

뉴욕 시내에 걸린 한 포스터에는 참혹한 전쟁과 테러 장면 아래 "가는 것이 있으면 반드시 오는 것이 있다. 뿌린 대로 거두리라What goes around, comes around."라는 글귀가 있다. 이것은 '자신이 한 만큼 결국 모든 것은 자신에게 되돌아온다.'라는 강력한 메시지를 전하는 국제평화단체의 평화캠페인 광고로, 보복성 폭탄테러와 전쟁이 끊이지 않고 있는 최근 국제정세의 심각성을 다시 한 번 일깨워 준다.

좋은 씨를 뿌린 사람은 반드시 거두어들인다. —**줄리아 도르**[5] 〈꽃다발 클럽에게〉
Who soweth good seed shall surely reap.

---

[5] 줄리아 도르Julia Caroline Dorr(1825~1913). 미국의 작가, 시인.

6

보고 싶은 사람이
되라

내게 좋은 점이나 존경받을 만한 점이 있어야
상대가 나를 존경하고 사랑하게 된다. 그리고 사랑받기 위해서는
자신이 가지고 있는 것들을 주변에 베풀어야 한다.

왜 안 올까
기다려지는 사람이 되라

직장이나 어느 사회에서든 사람들이 모여서 이야기를 나누다가 특정인만 나타나면 약속이나 한 듯 모두 입을 굳게 다물고 분위기가 어색해지는 경우가 있다. 반면에 왜 안 올까 기다려지는 사람도 있다. 당신은 과연 어떤 사람인가.

왜 안 올까 하고 기다림의 대상이 될지언정
왜 안 가나 하고 혐오하는 대상이 되지 말라. —**《현문》**
寧使人訝其不來 勿令人壓其不去 영사인아기불래 물령인압기불거

몇 달씩 또는 몇 년씩 보지 못해도 문득문득 어떻게 지내는지 궁금하고 보고 싶은 사람이 있다. 그런 사람은 분명 사랑을 받는 사람이다.

뒷모습이 아름다운
사람이 되라

뒷모습이 아름다운 사람이 정말 아름다운 사람이다. 다시는 보지 않을 것처럼 상대를 섭섭하게 하고 등 돌려 돌아선다 해도 그것이 끝이 아닐 수 있다. 그 상대를 언제 어디서 어떤 모습으로 다시 만날지는 아무도 모른다. 그러므로 잠시 스쳐 가는 인연이라도 진실되게 임해 마지막 모습이 아름답게 기억되는 사람이 돼야 한다.

은혜를 베풀었거든 생각하지 말고, 은혜를 입었거든 잊지 말라. —《현문》

施惠勿念 受恩莫忘 시혜물념 수은막망

모든 일에 인정을 남겨 두어라.

훗날 서로 좋은 낯으로 보게 되리라. —《명심보감》

凡事留人情 後來好相見 범사류인정 후래호상견

사람을
가슴으로 대하라

세네카는 은의恩義[1]를 그가 행한 봉사 행위에 있는 것이 아니라 그가
베풀어 준 성의誠意에 있다고 말했다.

> 마음속에서 나오는 말은 마음속으로 들어간다.(진실은 통한다)—**서양 속담**
>
> Words that come from the heart enter the heart.

여기 투르게네프[2]의 마음 따뜻한 이야기 하나를 소개한다.

어느 날 거리를 지나는데 늙은 거지가 내 발걸음을 멈추게 했다.
핏기 없는 얼굴과 누더기, 그리고 눈물이 글썽한 눈, 인간에게 이처
럼 불행한 모습이 있을 수 있나 싶었다.

---

[1] 갚아야 할 만한 은혜와 의리.
[2] 투르게네프Ivan Sergeevich Turgenev(1818~1883). 러시아의 소설가.

그는 거칠 대로 거칠어진 손을 나에게 내밀며 신음하듯 도와달라고 말했다. 나는 호주머니를 뒤지기 시작했다. 그러나 지갑도 시계도 어떤 귀중품도 가지고 있지 않았다. 하지만 그 노인은 여전히 나를 향해 구원의 손길을 내밀고 있었다.

나는 아무것도 줄 수 없다는 사실이 너무도 안타까워 가늘게 떨리고 있는 그의 손을 꼭 잡았다. "미안합니다. 오늘 저는 아무것도 드릴 게 없네요." 하지만 그 노인은 웃음을 머금은 채 나에게 말했다. "아닙니다. 이런 고마운 선물을 주시다니. 제 손을 이렇게 따뜻하게 잡아 준 사람은 선생님이 처음입니다."

> 자기 자신은 차가운 머리로 다루고,
> 다른 사람은 따뜻한 가슴으로 대하라. —**존 맥스웰**[3]
>
> To handle yourself, use your head; To handle others, use your heart.

다른 사람들의 생각과 소망과 말을 존중하라. 비록 그대의 생각과 같지 않더라도 간섭하거나 비난하거나 비웃지 말라. 사람들은 모두 각자의 고유한 개성을 가지고 그들의 수준에 맞는 삶의 여정을 걸어가고 있다. 그러므로 그들의 길을 가도록 허용하고 도와주어라. —**인디언 격언 중에서**

---

[3] 존 맥스웰John C. Maxwell(1947~). 목사, 작가. 주요 저서로는 《리더십의 법칙》, 《인재경영의 법칙》, 《인생성공의 법칙》, 《리더십의 21가지 불변의 법칙》, 《리더가 알아야 할 7가지 키워드》, 《열매 맺는 지도자》 등이 있다.

원한을
맺지 말라

다른 사람에게 덕을 베푸는 일은 지금 당장은 손해를 보는 것처럼 느껴지지만 결국엔 더 많은 은혜로 되돌아오는 것이 세상 이치다. 베풀며 사는 삶이 풍요로운 인생이다.

이솝우화 **여우와 두루미**

어느 날 여우가 두루미를 저녁 식사에 초대했다. 여우는 두루미를 골탕 먹이려고 넓고 평평한 접시에 국을 내놓았다. 두루미는 전혀 먹을 수가 없었고 여우만 맛있게 핥아 먹었다. 며칠 후 두루미가 자기 집에 여우를 초대했다. 두루미는 호리병에 음식을 담아 내놓았다. 여우는 호리병 속 음식을 도저히 먹을 수가 없었다. 그러나 자기가 한 대로 앙갚음을 당했기 때문에 여우는 두루미를 탓할 수가 없었다.

_남에게 속임수를 쓰는 사람은 자기도 똑같이 당한다.

자기 이익만을 생각하고 행동하면 남의 원망을 많이 사게 된다. —《논어》

放於利而行多怨 방어리이행다원

마주치기 껄끄러운 상대는 외나무다리에서 다시 만나게 되고, 원한을 많이 살수록 외나무다리에서 만날 사람도 많아지는 법이다. 피하기 어려운 상대가 늘어나는 것이다.

은혜와 의리를 넓게 베풀어라.

인생이란 어느 곳에서 살든 서로 만나게 마련이다.

원수와 원망을 맺지 말라.

길이 좁은 곳에서 만나면 피하기 어렵다. —《명심보감》

恩義廣施 人生何處不相逢 은의광시 인생하처불상봉

讐怨莫結 路逢狹處難回避 수원막결 노봉협처난회피

보기 싫은 사람을 만날까 두려워 그 사람이 다니는 곳을 피해 다니는데도 예기치 않은 곳에서 마주치게 되는 것이 우리 인생이다. 그러나 적을 만드는 것도 자기 자신이요, 가장 큰 적도 자기 자신이다.

열 명의 친구가 이익을 주는 것보다

한 명의 적이 더 많이 해칠 수 있다. —조너선 스위프트의 '서한'

One enemy can do more hurt than ten friends can do good.

7

인성은
쉽게 바뀌지 않는다

깊은 강물 속에 있는 고기는 낚을 수 있고
하늘 높이 나는 기러기는 쏘아 잡을 수 있지만,
사람의 마음은 바로 가까이 있는 이의 마음조차도 헤아릴 수 없다.

양심은 정수기의
필터와 같은 것

사람의 양심은 마음속의 옳고 그름을 가늠하는 재판관이다. 양심은
정수기의 필터와 같은 역할을 한다. 정수기에 필터가 없다면 정수작
용을 하지 못하는 것처럼, 사람에게 양심이 없다면 사람 취급을 받
지 못할 것이다. 양심이란 자기 잘못을 부끄러워하는 마음, 즉 수오
지심羞惡之心[1]으로 자신의 잘못을 반성하여 살피는 성찰이다.

> 죄책감은 자신에 대한 고발자이고,
>
> 잘못을 고백하면 그 죄가 반으로 줄어든다. —**서양 속담**

---

[1] 4단7정 四端七精의 하나로, 맹자의 《공손추公孫丑》 상편에 나오는 말이다. 惻隱之心측은지심—
남을 불쌍하게 여기는 타고난 착한 마음. 羞惡之心수오지심—자기의 옳지 못함을 부끄러워하
고 남의 옳지 못함을 미워하는 마음. 辭讓之心사양지심—겸손하여 남에게 사양할 줄 아는 마음.
是非之心시비지심—옳음과 그름을 가리는 마음.

A mind conscious of guilt is its own accuser,

a fault confessed is half redressed.

회개悔改란 하느님의 시각에서 나를 바라보는 것이다. "허물의 사함을 받고 자신의 죄가 가려진 자는 복이 있도다."(시편 32:1) 불교에서 참회懺悔는 업장業障을 소멸하는 결과를 가져온다고 한다. 참회는 자기 마음의 어둠에 등불을 밝혀서 그 어둠을 없애는 것이다. 그릇된 업을 고쳐 가는 지름길이 참회이다. 참회란 미안해하는 마음이다. 미안해한다는 것은 자기 잘못을 뉘우치고 반성하는 마음이다.

깨끗한 양심은 부드러운 베개다. —존 레이[2] 《영국격언집》

A clear conscience is a soft pillow.

양심이란 개인적인 감정이 아니라 사회적·도덕적 책임감이다. 도덕적인 책임감을 느끼지 못하는 사람은 사회적 존재로서의 인간의 가치를 상실한 사람이다. 사람은 집단을 이루고 살아가는 특성상 양심이 있어야 사회적 존재로서 그 가치를 지닐 수 있다. 양심에 기초한 도덕성이 없는 사람은 사회적 존재 가치를 잃게 된다.

의義를 보고 행하지 않는 것은 용기가 없는 것이다. —《논어》

見義不爲無勇也 견의불위무용야

---

[2] 존 레이John Ray(1628~1705). 영국의 자연과학자, 격언수집가.

나는 지금까지 자기 허물을 깨달아 스스로 반성하는 사람을

보지 못했으니 참으로 안타까운 일이 아닐 수 없다.

사람들은 자기 잘못을 알고 있지만 반성하지 않는다. —《논어》

吾未見能見其過 오미견능견기과

而內自訟者也 이내자송자야

탈무드 선한 사람과 악한 사람

악행을 하고 나서 남이 아는 것을 두려워하는 것은 아직 그 가운데 선을 향한 길이 있는 사람이요, 선행을 하고 나서 남이 빨리 알아주기를 바라는 것은 그 선 속에 악의 뿌리가 아직 남아 있는 것이다.

　　자기 잘못을 반성하거나 회개하지 못하는 사람은 범죄를 저질렀을 때 깊이 반성하지 못하고 남을 탓하는 경향이 있다. 이들을 사이코패스Psychopath, 즉 '반사회적 인격장애자'라고 하는데, 뇌의 전두엽이 제 기능을 하지 못함으로써 인격적 결함이 생겨난다고 한다. 이들은 뇌 감정과 행동을 연결하는 전두엽이 일반인들처럼 활성화되지 않기 때문에 양심의 가책이나 감정을 느끼는 데 미숙하다.

부끄러워하는 마음이 없으면 사람이 아니다. —《맹자》

無羞惡之心非人也 무수오지심비인야

소인은 반드시
변명을 한다

세속적인 일과 사익에 집착하는 사람이 소인배다. 자기 잘못을 인정하고 반성하는 사람은 정직한 사람이고 개선의 여지가 있는 사람이다. 그러나 갖은 변명과 거짓말을 상습적으로 내뱉는 사람은 개선의 여지가 없는, 인간관계를 유지하기 어려운 사람이다.

소인은 잘못을 저지르면 반드시 꾸며서 변명을 한다. —《논어》

小人之過也 必文 소인지과야 필문

가장 고약한 거짓말쟁이는 진실의 가장자리를
요리조리 빠져나가는 자다. —서양 속담

The most mischievous liars are those who keep sliding
on the verge of truth.

사람은 누구나 실수를 하지만 그 잘못을 인정하며 뉘우치고 반성하여 똑같은 실수를 반복하지 않으려고 노력한다. 그런데 자기 잘못을 인정하지 않고 끝까지 궤변을 늘어놓으며 숨기려는 사람도 있다. 이는 교활한 사람으로 주변에서 불신의 대상이 된다.

진흙탕에 일단 빠진 뒤에는 몸부림칠수록 더 더러워질 뿐이다. —서양 속담
When a man has fallen into the mire the more he flounders
the more he fouls himself.

사람이 가진 것 중에서 눈동자만큼 진실된 것은 없다. 마음이 바르면 눈동자가 맑고, 바르지 못하면 눈동자도 흐리다. 상대의 말을 들으며 눈동자를 유심히 살펴보면 그의 본심이 어떠한지를 짐작할 수 있다.

결점이 많다는 것은 나쁜 것이지만
그것을 인정하지 않는 것은 더 나쁜 것이다. —서양 속담
Truly it is an evil to be full of faults; but it is a still greater evil to be
full of them, and to be unwilling to recognize them.

소인배는
이해타산만 생각한다

"달면 삼키고 쓰면 뱉는다."는 말이 있다. 소인배들이 하는 짓이다. 소인배는 똥파리처럼 냄새가 나면 모여들고, 불나방처럼 불빛만 쫓아 다니다가 불에 타 죽기도 한다. 소인배의 마음속에는 탐욕이 가득하다.

위험이 지나가면 신은 잊혀진다. —**서양 속담**

Danger past, god forgotten.

군자는 대의에 밝고 소인은 이익에 밝다.
군자는 마음이 넓고 느긋하나 소인은 항상 걱정이 많다. —**《논어》**

君子喩於義小人喩於利 군자유어의소인유어리

君子坦蕩蕩小人長戚戚 군자탄탕탕소인장척척

자신의 이익에 눈을 돌리는 순간부터 더불어 사는 끈은 끊어지고 만다. 나만큼 남도 생각할 줄 아는 역지사지易地思之의 마음만 있다면 더불어 행복해지는 삶이 우리 앞에 펼쳐질 것이다.

군자는 그 어진 것을 어질게 여기고 그 친한 것을 친하게 여기며,
소인은 그 즐거운 것을 즐겁게 여기고 그 이로운 것을 이롭게 여긴다. ─**〈대학〉**

君子賢其賢而親其親 군자현기현이친기친

小人樂其樂而利其利 소인낙기락이리기리

소인배는 고마움을 모르는 사람, 실수나 잘못을 저지르고도 부끄러움을 느끼지 못하는 사람, 실력도 없이 자랑을 많이 하며 자신의 능력을 과장하는 사람, 사고의 깊이보다 목소리가 더 큰 사람, 유사한 실수를 계속 반복하는 사람, 무슨 일이나 사고의 핵심을 잡지 못하면서도 서투른 자기주장을 내세우는 사람, 세상을 자기 위주로 사는 사람, 자신의 이익을 위해서는 물불을 안 가리는 사람을 가리킨다.

천사가 두려워하는 곳에 바보가 뛰어든다. ─**서양 속담**

Fools rush in where angels fear to tread.

파리는 타 죽을 때까지 촛불 주변을 맴돈다. —서양 속담
The fly flutters about the candle till last it gets burned.

군자는 덕을 생각하고 소인은 처하는 곳을 생각한다.
군자는 정의를 표준으로 하고 소인은 이익을 표준으로 한다.
군자는 만사를 자기에게 구하고 소인은 만사를 남에게서 구한다. —《논어》
君子懷德 小人懷土 군자회덕 소인회토
君子懷刑 小人懷惠 군자회형 소인회혜
君子喩於義 小人喩於利 군자유어의 소인유어리
君子求諸己 小人求諸人 군자구저기 소인구저인

군자의 도는 어두운 것 같으나 밝아지고, 소인의 도는 밝은 것 같
으나 날로 어두워진다. 군자는 움직이지 않아도 존경받고 말하지 않
아도 믿음을 준다. 또한 상을 주지 않아도 백성들이 힘을 다해 따르
고 성을 내지 않아도 도끼보다 두려워한다. 군자는 존경을 많이 받
음으로써 천하가 화평해질 수 있다. —《중용》

군자는 자신이 죽은 뒤에 이름이 세상에 알려지지 않을까 걱정한다. —《논어》
君子疾沒世而名不稱焉 군자질몰세이명불칭언

까마귀는 결코
백로가 될 수 없다

은혜와 의리를 모르는 사람은 소인배다. 필요에 따라 쉽게 배신하는 소인배는 한순간은 남을 속일 수 있을지 몰라도 결국 그의 본질과 본모습이 세상에 드러나기 마련이다.

무릇 고니는 매일 목욕을 하지 않아도 희고,
까마귀는 매일 검은 물을 들이지 않아도 검다. —〈장자〉
夫鵠不日浴而白 烏不日黔而黑 黑白之朴 不足以爲辯
부곡불일욕이백 오불일검이흑 흑백지박 부족이위변

뻐꾸기는 꾀꼬리나 멧새 같은 다른 새의 둥지에 산란을 한다(탁란托卵). 그런데 이 새들은 제 알인 줄 알고 뻐꾸기의 알을 품어 새끼를 부화시킨다. 생태적으로 뻐꾸기의 부화기간은 열흘 남짓인데 다른 새들은 뻐꾸기보다 하루 이틀 늦기 때문이다. 부화한 뻐꾸기 새끼들은 알에서 깨어나자마자 다른 새끼나 알을 둥지 밖으로 모두 밀어낸다. 그러고 나서 약 3주간 다른 새 어미한테 먹이를 받아먹고 자라다가 날 수 있게 되면 본래 제 어미에게로 가버린다.

먹이를 주는 손을 물지 말라. —**서양 속담**

Don't bite the hand that feeds you.

이솝우화 **까마귀와 백조** A crow is never whiter for washing herself often.

까마귀는 백조의 흰 깃털이 부러웠다. 그리고 그 아름다움은 백조가 살고 있는 연못의 물 때문이라고 생각하고 평소에 먹이를 쪼아 먹던 장소를 떠나 연못으로 날아갔다. 그곳에서 까마귀는 깃털을 물로 씻고 목욕을 했다. 그러나 며칠이 지나도 깃털은 희어지지 않았고, 먹이도 구할 수 없었다. 불쌍한 까마귀는 결국 굶어 죽고 말았다.

_뼛속에 박힌 천성은 살 밖으로 나가지 않는다.

탈무드 **사자 목의 뼈**

목에 뼈가 걸린 사자가 그 뼈를 꺼내 주면 큰 상을 주겠다고 했다. 그때 학 한 마리가 날아와서 긴 부리로 사자 목에 걸린 뼈를 꺼내 주었다. 그러고는 무슨 상을 줄 거냐고 묻자, 사자가 말하기를 "내 입 안에 머리를 넣고 살아난 것 자체가 큰 상이다. 이것은 네게 평생 자랑거리가 될 것이다."라고 하였다.

_악의 태생은 본성이 바뀌지 않는다.

사람은 겪어 봐야
그 마음을 알 수 있다

깊은 강물 속에 있는 고기는 낚을 수 있고 하늘 높이 나는 기러기는 쏘아 잡을 수 있다. 그러나 사람의 마음은 바로 가까이 있는 이의 마음조차도 헤아리기 어렵다.

바닷물은 마르면 마침내 그 바닥을 볼 수 있으나,
사람은 죽어도 그 마음을 알지 못한다. —**〈명심보감〉**

海枯終見底 人死不知心 해고종견저 인사부지심

사람과 수박의 속은 알기가 매우 어렵다. —**서양 속담**
The depth of man and melons are hard to know.

새뮤얼 존슨은 "처음 만난 사람을 쉽게 판단하지 말라."고 했다. 마음으로 상대방의 가슴을 들여다보고 그 사람을 판단해야 한다. 마음으로 대하면 상대방 역시 마음을 열게 되고, 그러다 보면 그 사람의 가슴속에 숨겨져 있는 진실과 다이아몬드를 발견할 수 있다.

얼굴을 아는 사람은 천하에 가득하지만
마음을 아는 사람은 과연 몇 명이나 될까? —**〈명심보감〉**
相識滿天下 知心能幾人 상식만천하 지심능기인

먼 길을 가야 그 말의 힘을 알 수 있고,
오래 겪어 봐야 그 사람의 마음을 알 수 있다. —**〈현문〉**
路遙知馬力 日久見人心 노요지마력 일구견인심

악의 태생은 그 본성이 바뀌지 않는다. 걸레는 빨아도 걸레라는 농담도 있듯이, 나쁜 본질은 변하지 않는다는 말이다. 본질이 좋은 것이 나빠지기는 쉬워도 나쁜 것이 좋아지기는 어렵다.

사람이 사람을 알 수 있는 것은 눈도 지성도 아닌 마음뿐이다. —**서양 속담**
One learns people through the heart, not the eyes or the intellect.

8

벙어리처럼 침묵하고
임금처럼 말하라

진리의 말은 언제나 수식 없이 단순하다. 가장 위대한 진리는 단순하다.
단순함은 사람을 매혹시키는 힘을 가지고 있다. 단순한 말이 좋은 말이며
모든 사람에게 쉽게 이해된다. 그리고 가장 깊은 사상을 지니고 있다.

말을 함부로
하지 말라

말은 진실해야 한다. 똑같은 말을 해도 가슴 깊은 데서 나온 말과 목구멍에서 나오는 말은 같을 수 없다. 목구멍이나 입술만으로 하는 말은 티끌처럼 가벼워 세상을 어지럽게 만들 뿐이다. 가슴에서 우러나오는 말이 세상을 움직이고 평정한다.

오늘 생각하고 내일 말하라. ─헨리 조지 본[1] 《격언수첩》

Think today and speak tomorrow.

말에는 뜻이 있다. 뜻이란 마음 가는 바이며 마음 두는 바이다. 말이란 자신의 입에서 나와 널리 천하의 곳곳까지 퍼져 만인에게 영향을 준다. 그러므로 말을 아끼는 것은 제동장치와 같은 것이다. 말은 진실해야 한다.

---

[1] 헨리 조지 본Henry George Bohn(J1796~1884). 영국의 출판가.

말은 착하고 부드럽게 하라. 악기를 연주하면 아름다운 소리가 나오듯이 그렇게 하면 몸에 시비가 붙지 않고 세상을 편안하게 살 수 있다.

우리가 두 귀와 한 입을 가진 것은 많이 듣고 적게 말하기 위함이다. —제논[2]

We have two ears and one mouth that we may listen

the more and talk the less.

말을 조심해야 한다. 삼가지 않으면 재앙을 부르게 된다. 하고 싶은 말이 있다 해도 반드시 전후좌우를 살펴보고, 앞에서 정정당당하게 할 말이 아니라면 등 뒤에서도 하지 말아야 한다. 뒤에서 한 말은 반드시 말 속의 주인공에게 전달되는 것이 세상 이치이다.

말이 많으면 궁지에 몰리는 경우가 많으니,

말 없이 중심을 지키는 것만 못하다. —〈노자도덕경〉

多言數窮 不如守中 다언삭궁 불여수중

사람은 누구나 자신이 하는 말로 평가받는다. 말 한 마디는 자신의 초상화를 그려 놓는 것과 같은 것이다. —랠프 왈도 에머슨

말이나 재물은 나간 대로 들어오고 들어온 대로 나간다. —〈현문〉

言悖而出者 亦悖而入 언패이출자 역패이입

貨悖而入者 亦悖而出 화패이입자 역패이출

---

2 제논Zenon(BC 490?~BC 430?). 고대 그리스의 철학자. '제논의 역설Paradox'로 유명하다.

남의 말을
다 믿지 말라

성공한 사람은 남의 말을 듣고 참고하되 무조건 따르지 않는다. 《남의 말을 믿지 말라》의 저자이며 일본에서 벤처의 대부로 불리는 호리바 마사오는, 우리 귀에 들어오는 정보의 99퍼센트는 쓸모없는 잡음이므로 성공하기 위해서는 1퍼센트의 시그널을 구별해 낼 줄 알아야 한다고 말했다.

이솝우화 **까마귀와 여우**

까마귀가 훔친 고깃덩어리를 물고 나뭇가지에 앉아 있었다. 이를 지켜보던 여우가 까마귀에게 "네 아름다운 목소리로 노래 한 곡 불러 주지 않겠니?" 하고 간청했다. 칭찬에 기분이 좋아진 까마귀가 노래를 하려고 입을 떼는 순간 고깃덩어리가 땅에 떨어졌다. 그러자 여우가 이것을 잽싸게 물고 숲속으로 달아났다.

_ 당신을 칭찬하는 것이 항상 당신을 위해서만은 아니다.

아름다운 얼굴 뒤에 추한 마음이 감춰져 있을지도 모른다. —서양 속담
Fair face may hide a foul heart.

어떤 목적을 위하여 말을 꾸며대면 결국 그 의도가 들통나 신의를 잃게 된다. 말재간(기교)을 부려서 상대에게 듣기 좋은 말과 보기 좋은 낯빛으로 상대를 속이는 것은 교활한 짓이다.

말을 교묘하게 하고 얼굴 표정을
그럴듯하게 하는 사람 중에는 인자한 사람이 적은 법이다. —〈논어〉
巧言令色 鮮矣人 교언영색 선의인

재간을 부리는 것이 곧 기교이고, 기교로써 상대를 이용하려는 자는 처음에는 그럴듯하게 시작하다가도 나중에 가서는 끝내 본색을 드러내 속임수와 억지를 부리게 된다. 교묘하고 빈틈없는 태도로 사람을 대하는 이가 사랑과 덕성을 갖추고 있는 예는 드물다.

사람들이 말을 쉽게 하는 것은 말에 대한 책임감이 없기 때문이다. —〈맹자〉
人之易其言也 無責耳矣 인지역기언야 무책이의

세상 사람 누구나 자신을 받들어 주는 것을 좋아한다.

그러나 받들어 주는 자가 좋은 뜻을 가진 자가 아닐 수도 있다.

받들어 주는 척하면서 사실은 당신을 가지고 놀 수도 있다. —〈현문〉

擧世好承奉 承奉非佳意 거세호승봉 승봉비가의

不知承奉者 以爾爲玩戲 부지승봉자 이이위완희

남의 말을 모두 무시하고 독선에 빠지라는 것이 아니다. 자기 소신이나 중심을 분명히 하고 남의 말을 참고하라는 것이다. 남의 말에 기대어서 문제를 해결하기보다는 자기 자신 안에서 해결책을 찾아야 한다. 대부분의 사람들은 자신이 이미 답을 알고 있는 문제에 대해서도 남의 말을 들으려 한다. 성공하는 사람들은 확고한 자기 주관을 갖고 있으며, 남의 말을 들을 때도 가치를 지닌 정보를 가려서 자기 것으로 만들 줄 안다.

사람들이 하는 좋은 말도 반만 믿어라. —**서양 속담**

Believe only half you hear of a man's wealth and goodness.

남의 말을 듣거든 마치 국물을 맛보듯이 꼼꼼히 살펴라.

재물을 거래해 봐야 그 사람의 마음을 알 수 있다. —〈현문〉

聽話如嘗湯 交財如見心 청화여상탕 교재여견심

가장 좋은 말은
침묵이다
不言之教

말 없는 가운데의 가르침, 즉 차원 높은 가르침이 바로 '불언지교不言
之敎'이다. 말이 많은 가르침은 실속이 적다. 덕망이 높은 사람일수록
말이 적다. 가르침은 쌍방통행의 교류가 되어야만 후유증이 없다.
따라서 교敎는 교交이므로 불언지교不言之敎는 불언지교不言之交인 것
이다. 노자의 희언자연希言自然에서 희언希言은 불언不言함이다. 말이
없을수록 자연스러우니, 생색내지 말고 자기만 옳다고 주장하지 말
라는 것이다. 그러면 불언不言이요, 희언希言이라고 했다. 천지는 말
하지 않는다. 침묵이 곧 희언이요, 자연인 것이다.

아는 사람은 말하지 않고 말하는 사람은 알지 못한다. ─〈노자〉

知者不言 言者不知 지자불언 언자부지

다변가多辯家임에도 발언 하나하나가 핵심을 벗어나지 않는다면 이는 성인聖人이다. 과묵한데도 말이 핵심에 일치한다면 이는 군자이다. 다변이든 과묵이든 앞뒤의 말이 맞지 않으면 이는 소인이다.

위대한 진리는 단순하다. 단순함은 사람을 매혹시키는 힘을 가지고 있으며 가장 깊은 사상을 지니고 있다. 사물의 본질은 단순하다. 지혜도 단순하다. 바로 이 단순한 본질과 지혜에서 사랑과 존경이 나온다.

적절한 때의 침묵은 말보다 훨씬 더 효과적이다. —마틴 터퍼[3] 《격언적 철학》
Well-timed silence hath more eloquence than speech.

경우에 따라서는 자기 의사를 강력하게 주장해야 한다. 하지만 논리가 맞지 않는 것을 억지로 주장하는 것보다는 침묵으로 더 좋은 효과를 얻을 수도 있다. 말을 많이 하는 것이 능사는 아니다. 때로는 침묵으로 자기 의지를 표명하는 것이 낫다.

하지 말아야 할 말은 하지 말고 근거 없는 말은 하지 말라. —《시경》
匪言勿言 匪由勿語 비언물언 비유물어

교향악을 감상하노라면 최고의 정점(클라이맥스)에서 지휘자의 지휘로 순간의 침묵이 흐른다. 그 순간의 침묵 속에서 관객은 '묵默'의 희열을 만끽하는 것이다.

---

[3] 마틴 터퍼Martin F. Tupper(1810~1889). 영국의 시인.

험담은
세 사람을 죽인다

웅변은 은이요, 침묵은 금이라고 한다. 인간의 입은 금고와 같다. 쉽게 자주 열리는 금고에는 귀중품이 들어 있을 수 없다. 남의 소문을 전달하는 것도 경계해야 한다. 남을 헐뜯는 중상모략이나 비방은 입에서 입으로 전달되고, 당신의 조심성 없는 언행으로 누군가에게 상처를 입히고 원한을 사게 될 것이다.

탈무드 **험담은 살인보다 위험하다**

살인은 한 사람을 죽이지만 험담은 세 사람을 죽인다. 험담하는 자, 옆에서 듣는 자, 험담의 대상자. 중상모략은 다른 사람에게 흉기를 휘두르는 것보다 더 나쁘다. 사람의 입은 하나인데 귀는 둘이다. 이것은 말은 적게 하고 많이 들으라는 뜻이다.

연못가에서 아이들이 장난삼아 던진 돌에 맞아 많은 개구리가 죽었다. 한 개구리가 소리쳤다. "얘들아, 그 잔인한 장난을 제발 그만둬! 너희들은 장난으로 돌을 던지지만 우리는 그 돌에 맞아 죽는단 말이야!"

요즘 사회문제가 되고 있는 악풀이나 유언비어는 장난삼아 던진 돌처럼 아무 근거 없이 상대에게 날아와 큰 상처를 준다. 다음 글은 악풀 달기를 좋아하는 사람들에게 옛사람이 전하는 충고이다.

귀로 듣는 것은 허상이고, 눈으로 보는 것이 진실이다.
개 한 마리가 그림자를 보고 짖으면 온 동네 개들이 다 따라 짖는다. —《현문》

耳聞是虛 眼見是實 이문시허 안견시실

一犬吠影 百犬吠聲 일견폐영 백견폐성

개 한 마리가 달그림자를 잘못 보고 짖기 시작하면 온 동네 개들이 다 그 소리를 따라 짖는다. 처음 짖기 시작한 개는 정작 잘못 본 사실을 알아차리고 잠을 자는데, 따라 짖기 시작한 개들은 영문도 모른 채 밤새도록 짖어댄다.

한 사람의 거짓말이 수많은 사람을 거치면서 사실이 되고 만다. —《현문》

一人道虛 千人傳實 일인도허 천인전실

좋은 약은
입에 쓰다

좋은 약은 입에 쓰지만 이를 기꺼이 마시는 것은 그 약이 병을 고친다는 것을 알기 때문이요, 충고는 귀에 거슬리지만 현명한 군주가 이를 듣는 것은 그 말의 옳음을 알기 때문이다.

좋은 약은 입에 쓰지만 병 치유에 좋고,
충언은 귀에 거슬리지만 행실에 이롭다. —《현문》
良藥苦口利於病 양약고구리어병
忠言逆耳利於行 충언역이리어행

중국 고대 왕조 은殷나라의 탕왕湯王은 간諫하는 충신이 있었기에 번창했고, 하夏나라의 걸왕桀王과 은나라의 주왕紂王은 따르는 신하는 있었지만 간하는 신하가 없었기에 멸망하였다.

입은 화의
근원이다
口禍之門

구화지문口禍之門이란 입이 재앙을 불러들이는 문이라는 뜻이다. 당나라 후기에서 송나라까지 53년 동안 흥하고 망한 다섯 왕조에서 열 명의 임금을 섬겼을 정도로 처세에 능한 풍도馮道라는 정치인이 있었다. 그는 말조심을 처세의 근본으로 삼아 험한 난세에도 영달을 거듭한 인물이다.

다음은 입이 화禍의 근원임을 강조한 그의 '설시舌詩'의 일부분이다.

입은 재앙을 불러들이는 문이요, 혀는 몸을 자르는 칼이로다.
입을 닫고 혀를 깊이 감추면 가는 곳마다 몸이 편안하리라.

口是禍之門 舌是斬身刀 구시화지문 설시참신도

閉口深藏舌 安身處處宇 폐구심장설 안신처처우

사람의 마음의 움직임은 말로 인하여 드러나고,

길흉과 영욕은 다 말이 불러들이는 것이다. —〈소학〉

人心之動 因言以宣 인심지동 인언이선

吉凶榮辱 惟其所召 길흉영욕 유기소소

모든 병은 입을 통해서 들어오고 모든 재앙은 입을 통해서 나간다. —〈현문〉

百病從口入 百禍從口出 백병종구입 백화종구출

탈무드

어떤 장사꾼이 골목을 돌아다니며 외쳤다. "행복의 비결을 싸게 팝니다." 순식간에 많은 사람들이 모여들었다. 그중에는 랍비도 몇 명 섞여 있었다.
"내게 파시오! 나도 사겠소, 값은 후하게 주겠소." 여기저기서 다투어 외쳤다.
그러자 장사꾼이 말했다. "행복의 참비결은 자기 혀를 조심해서 쓰는 것이오."

양쪽이 다 좋을 때는 서로 치켜세우는 말이 넘쳐 나고,

양쪽이 다 화가 치밀 때는 헐뜯는 말이 넘쳐 난다. —〈장자〉

夫兩喜必多溢美之言 부양희필다일미지언

兩怒必多溢惡之言 양노필다일악지언

지혜로운 사람은 사람을 잃지 않고 또 실언을 하지 않는다. —〈논어〉

知者不失人 亦不失言 지자불실인 역불실언

칭찬에는
말을 아끼지 말라

타인의 장점을 칭찬하라. 인간은 누구나 칭찬이 필요하며 타인의 칭찬 속에서 자라난다. 칭찬은 칭찬받는 사람을 더욱 겸손하게 만들고 더 노력하게 만든다. 칭찬이란 이해이며 자신감을 불어넣어 주는 것이다. 타인 속에 잠재해 있는 좋은 점을 발견하고 칭찬해 줄 수 있는 마음을 가져야 한다.

> 말은 충직하고 믿음이 있게 하고, 행동은 독실하고 경건하게 하라.
> 언행이야말로 그 사람(군자)을 보는 중요한 포인트다. ─《논어》
> **言忠信 行篤敬 言行君子之樞機** 언충신 행독경 언행군자지추기

작가 마크 트웨인은 "멋진 칭찬을 들으면 그것만 먹어도 두 달은 살 수 있다."고 했다. 현대의 대부분의 사람들은 격려와 칭찬과 긍정

적인 말에 목말라하고 있다.

부정적인 말을 피하고 긍정적인 말을 하자. 불평과 원망의 말, 상처 주는 말은 멈추고 좋은 말, 칭찬의 말, 격려의 말을 하도록 하자. 격려는 좌절에 빠져 있는 사람도 일어서게 하는 기적을 낳는다. 격려란 받는 사람의 기쁨도 크지만 격려하는 사람의 기쁨과 보람이 더 오래 남는다. 왜냐하면 격려는 꽃과 같아서 그것을 주는 사람의 손에 향기가 남기 때문이다.

> 바보도 칭찬해 보라. 그러면 유능해진다. —**서양 속담**
> Praise a fool, and you make him useful.

젊은 시절 춤을 꽤 췄던 한 중년부인이 요즘 유행하는 새로운 스텝을 배우고 싶어서 댄스학원을 찾아갔다. 하지만 강사는 그녀의 춤을 보더니 "엉망이군요. 춤의 기본부터 다시 배워야겠는데요."라고 했다. 그 말을 듣는 순간 그녀는 그 강사에게 배우고 싶은 마음이 싹 사라졌다. 두 번째로 찾아간 학원의 강사는 그녀의 춤을 보더니 "기본이 잘되어 있기 때문에 조금 더 배우시면 잘하시겠습니다. 리듬감도 있고 춤에 소질이 있으시네요."라고 했다. 그녀는 그 후 꾸준히 강습을 받아 춤 실력이 날로 향상되었다. 때때로 해롭지 않은 거짓말로 다른 사람을 칭찬해 주는 것이 그 사람에게 자신감과 동기부여를 해 주는 좋은 일이 되기도 한다.

칭찬은 선량한 사람들을 더 선하게 하고,

나쁜 사람들을 더 나쁘게 한다. —**토머스 풀러 〈잠언집〉**

Praise makes good man better and bad man worse.

"남의 좋은 점을 발견할 줄 알아야 하고 남을 칭찬할 줄도 알아야 한다. 그것은 남을 자신과 동등한 인격으로 생각한다는 의미를 갖는다."라고 괴테는 말했다.

칭찬의 힘은 플라세보 효과Placebo effect와 비슷하다. 플라세보 효과란, 독은 아니지만 약도 아닌 증류수나 생리식염수 등을 약으로 속여 환자에게 투여하면 실제로 약을 투여한 것과 똑같거나 혹은 그 이상의 효과를 나타내는 것을 말한다. 실제로 미국의 교육학자들이 초등학교 학생들을 대상으로 지능검사를 실시한 후, 실제 점수와는 상관없이 몇몇 학생을 뽑아 지적 능력이 높은 학생이라며 교사들에게 거짓정보를 주었다. 그러자 교사들이 학생들에게 기대를 갖고 관심을 보이며 칭찬해 주었고, 해당 학생들은 공부에 관심을 갖게 되었다. 그 결과 학생들의 능력이 향상되었다.

한 사람의 박수갈채가 커다란 결과를 낳는다. —**새뮤얼 존슨 〈존슨전〉**

The applause of a single human being is of great consequence.

말보다
실천이다

양명학의 시조 왕양명王陽明의 언행을 기록한 책 《전습록傳習錄》에는 다음과 같은 말이 있다.

배워서 얻었으면 실천하여 자신을 향상시켜라.

人須磨在事上 인수마재사상

이는 "매일의 일을 실천하면서 반성하고 자기 자신을 연마하라." 라는 '지행합일知行合一'의 뜻을 담고 있다. 책을 읽고 선현先賢이나 지자智者들의 영지英智를 모아 소화하고 실천하는 것만이 미래를 향한 지름길이라 가르치고 있다.

일 잘한 것이 말 잘한 것보다 낫다. —벤저민 프랭클린[4]

Well done is better than well said.

---

[4] 벤저민 프랭클린Benjamin Franklin(1706~1790). 미국의 정치가, 외교관, 과학자, 저술가.

입으로 말하는 것은 몸으로 행하는 것만 못하고,

귀로 듣는 것은 눈으로 보는 것만 못하다. —《현문》

口說不如身行 耳聞不如目見 구설불여신행 이문불여목견

아는 것은 그리 어렵지 않으나 알고도 모른 척하기가 힘들고 행하기가 어려운 것이다. 《논어》에서는 다음과 같이 가르친다.

말하기 전에 먼저 실천하고, 그 후에 말하라. —《논어》

先行其言 而後從之 선행기언 이후종지

이솝우화 **고양이 목에 방울 달기**

고양이에게 시달려 지친 쥐들이 회의를 열어 고양이를 피하는 가장 좋은 방법이 무엇인지 토론했다. 수많은 의견이 나왔지만 하나도 채택되지 못했다. 드디어 어린 쥐가 나서더니 고양이 목에 방울을 달면 고양이가 나타날 때마다 그 방울 소리를 듣고 도망칠 수 있을 것이라고 말했다. 모든 쥐가 박수를 치면서 좋은 방법이라고 찬성했다. 그러자 말 없던 늙은 쥐가 일어나 말했다. "우리 중에 누가 고양이 목에 방울을 달겠느냐?"

_계획을 세우는 것과 실행하는 것은 다른 문제다.

행동하는 사람처럼 사고思考하고 사고하는 사람처럼 행동하라. —**서양 속담**

Think like a person of action, act like a person of thought.

한비韓非[5]는 다음과 같이 말했다.

안다는 것은 어렵지 않다. 어떻게 대처하느냐가 어렵다.

非知之難也 處知則難也 비지지난야 처지즉난야

말이 아니라 실천이다. —**서양 속담**

Deeds, not words, are needed.

사람은 누구나 사람으로서 해야 할 일과 하지 말아야 할 일을 잘 알고 있다. 자식으로서 부모에게 효도하고, 형제끼리 우애 있게 지내고, 부부는 서로 사랑해야 한다. 또 이웃을 사랑해야 하고, 학생은 공부를 열심히 하고, 공직자는 국민의 공복으로 최선을 다해야 한다. 이 모든 것을 알면서도 실행하지 못하기 때문에 갈등과 번뇌가 따르고 고통이 수반된다. 모두가 다 아는 것을 어떻게 대처하느냐, 그것이 문제인 것이다.

---

[5] 한비韓非(BC 280?~BC 233). 중국 전국시대 말기 한나라의 공자로 법치사상을 집대성했으며, 주요 저서로 《한비자韓非子》가 있다.

9

좋은 친구는
스승이다

향수 가게에 가면 향수 냄새가 몸에 배듯이 친구와 함께 있으면
그의 인품과 습관을 따라 배우게 된다. 좋은 친구를 사귀어야 한다.
사람을 만드는 것도 친구요, 망치는 것도 친구이다.

친구를
잘 사귀어라

"착한 사람과 친구가 되어라. 그러면 당신도 착한 사람이 될 것이다." 《돈키호테》의 작가 세르반테스가 한 말이다. 인간은 누구나 주변의 영향을 받는다. 아이들을 보면 그 부모를 알 수 있고, 친구를 보면 그 사람을 알 수 있다. 공자는 《명심보감》〈교우편〉에서 '지란지교芝蘭之交'[1]에 대하여 다음과 같이 말했다.

"선한 사람과 함께 있는 것은 지초芝草와 난초蘭草가 있는 방 안에 들어간 것과 같아서 오래되면 그 냄새를 맡지 못하니, 이는 곧 그 향기에 동화된 것이다. 선하지 못한 사람과 같이 있으면 생선가게에 들어간 것과 같아서 오래되면 그 냄새를 맡지 못하니, 이는 곧 그 냄새

---

[1] 지초芝草와 난초같이 향기로운 사귐이라는 뜻으로, 벗 사이의 맑고도 높은 사귐을 이르는 한자 성어이다.

에 동화된 것이다. 붉은 주사朱砂를 지니고 있으면 붉어지고, 검은 옻 漆을 지니고 있으면 검게 되니, 군자는 반드시 그와 함께 있는 자를 삼가야 한다."

최고의 친구는 당신이 자신에 대한 사랑을
잊고 있을 때 당신을 사랑해 주는 사람이다. —서양 속담
A best friend is someone who loves you
when you forget to love yourself.

탈무드 나를 비난하는 친구를 가까이 하라

무릇 친구 중에는 나를 칭찬하고 따르는 친구도 있을 것이요, 반대로 나를 비난하고 비판하는 친구도 있을 것이다. 나를 비난하는 친구와 가까이 지내고 칭찬하는 친구와는 오히려 멀리 하는 것이 좋다.

될 수 있는 대로 너보다 나은 친구를 사귀도록 노력하라. —체스터필드 《서간집》
Endeavour, as much as you can,
to keep company with people above you.

사귀어서 유익한 벗이 세 부류가 있고, 사귀어서 해로운 벗이 세 부류가 있다.
정직한 자, 신용 있는 자, 견문이 넓은 자를 벗으로 사귀면 유익하고,
편벽한 자, 아첨하는 자, 간사한 자를 벗으로 사귀면 해롭다. —《논어》

益者三友 損者三友 익자삼우 손자삼우

友直 友諒 友多聞 益矣 우직 우량 우다문 익의

友便辟 友善柔 友便佞 損矣 우편벽 우선유 우변녕 손의

묵자墨子는 수신론修身論에서 "도리를 올바르게 지키지 않고, 사물을 넓게 분별하지 못하며, 옳고 그름을 분간하지 못하는 자는 같이 어울릴 만한 자가 못 된다."고 했다. 친구를 고르는 것은 여간 어려운 일이 아니며, 신중을 기해야 한다.

탈무드 좋은 친구를 선택하라

"향수 가게에 가면 향수 냄새가 몸에 밴다." 이 말은 좋은 친구를 선택하라는 것이다. 사람은 누구나 주변의 영향을 받는다. 아이들을 보면 그 부모를 알 수 있고, 친구를 보면 그 사람을 알 수 있다. 아무리 어질고 고결한 랍비도 악인을 선도하는 중에 어느 정도는 악인의 영향을 받을 수 있다. 하물며 보통 사람이라면 그 영향을 많이 받을 것이다. 착한 사람이 나쁜 사람을 선도하려다 자기마저 악에 빠지기 쉽기 때문이다.

사람을 만드는 것도 친구요, 망치는 것도 친구이다. —**서양 속담**

It is his friends that make or mar a man.

꾸불꾸불한 쑥도 삼밭에서 나면 자연히 꼿꼿하게 자란다. —**순자 《권학勸學》**

麻中之蓬 마중지봉

어려울 때 친구가
진정한 친구다

이해가 얽히고설킨 인간관계 속에서 가장 소중한 것은 진정한 우정
이다. 우정은 하루 이틀에 쌓이는 것이 아니며 오랜 세월 서서히 서
로에 대한 신뢰가 깊어지면서 두텁게 형성되는 것이다. 이런 우정을
나눌 수 있는 친구가 한 명만 곁에 있어도 세상을 참 잘 살아온 사람
이 아닐까. 친구라는 이름은 흔하지만 친구다운 친구는 드물다.

> 이해관계로 맺어진 사람들은 곤경에 처하면
> 금방 버리고 말지만, 하늘이 맺어 준 사람들은 곤경에
> 처하면 서로 더 거두어 준다. —《장자》〈외편 산목편山木篇〉
> **以利合者 迫窮禍患害相棄也** 이리합자 박궁화환해상기야
> **以天屬者 迫窮禍患害相收也** 이천속자 박궁화환해상수야

곤경에 처했을 때 도와주는 친구야말로 참다운 친구이다.

—리처드 그레이브스[2]

A friend in need is a friend indeed.

이솝우화 **어려울 때 친구가 참다운 친구다**

어느 날 두 남자가 숲 속을 걷고 있는데 갑자기 곰이 뛰쳐나오자 한 사람은 나무에 올라가고 미처 나무에 오르지 못한 사람은 바닥에 엎드려서 죽은 척하고 있었다. 곰이 바닥에 있는 남자의 냄새를 맡고는 죽은 줄 알고 가 버리자 나무 위에 있던 친구가 내려와서 곰이 뭐라고 하더냐고 물었다. 그러자 바닥에 엎드려 있던 사람이 "위기에 처했을 때 버리는 친구와는 절대 같이 여행 다니지 말라고 하더군." 하고 말했다.

_진정한 친구는 위기에 처했을 때 네 곁에 있을 것이다.

"한평생 친구 하나면 족하다. 둘은 많고, 셋은 거의 불가능하다." 라고 미국의 저명한 역사가이며 소설가인 헨리 애덤스(1838~1918)는 말했다. 한 명이라도 진실한 친구를 사귀라는 말이다.

친구를 사귈 때는 모름지기 나보다
나은 자여야 하고 나와 같은 정도면 없느니만 못하다. —《논어》

結交須勝己 似我不如無 결교수승기 사아불여무

---

2 리처드 그레이브스Richard Graves(1715~1804). 영국의 목사, 시인, 소설가.

애매한 친구는
분명한 적보다 못하다

상대하기 가장 힘든 사람이 '애매한' 사람이다. 상대가 분명한 적이라면 그가 무엇을 요구하는가를 확실하게 알 수 있다. 하지만 진정한 친구인지 아닌지조차 구별할 수 없는 사람, 말로는 친한 척하면서 뒤에서는 딴짓을 하는 사람은 신뢰할 수 없다. 《탈무드》와 《이솝우화》 그리고 《논어》에도 같은 내용의 글들이 나와 있다.

적당히 처신하는 기회주의자는 적과 같다. —《논어》

鄕原德之賊也 향원[3]덕지적야

애매모호한 자세로 친한 척하면서 이중적으로 행동하는 것은 비

---

[3] 향원鄕原은 어느 마을에나 특별히 모나지 않게 적당히 어물어물 처신하며 누구에게나 무해무익하게 줏대 없이 살아가는 사람을 말한다.

접한 짓이다. 때로는 길 하나를 선택해야 할 때가 있다. 한 사람이 두 길을 동시에 갈 수 없고 두 배를 동시에 탈 수도 없다.

> 만인의 친구는 누구의 친구도 아니다. —아리스토텔레스[4]
>
> A friend to all is a friend to none.

탈무드 **애매한 친구는 분명한 적보다 못하다**

가장 상대하기 힘든 사람이 애매한 친구이다. 진정한 친구인지 아닌지조차 구별할 수 없는 사람은 신뢰할 수 없는 상대이다. 인간은 친한 친구를 만나면 누구나 깊은 속마음까지 털어놓게 된다. 상대가 분명히 적이라면 그가 무엇을 요구하는가를 확실하게 알 수 있다. 그러나 애매모호한 자세로 친한 척 행동하는 것은 비겁한 짓이다. 그보다는 차라리 확실한 적이 정직한 상대이다.

> 두 마음으로는 한 사람도 얻을 수 없지만,
>
> 한마음으로는 백 사람도 얻을 수 있다. —《회남자》〈무칭훈繆稱訓〉
>
> 兩心不加以得一人 一心可以得百人 양심불가이득일인 일심가이득백인

모든 사람에게 친한 척하는 사람은 나쁜 일에도 방관하는 사람이다. 나쁜 일에 방관하는 것은 협력하는 것과 같다. 올바른 길을 가기 위해서는 때로는 바람을 거슬러 가야 할 때도 있다.

---

[4] 아리스토텔레스Aristoteles(BC 384~BC 322). 고대 그리스의 철학자. 학문 전반에 걸친 백과전서적 학자로서 과학 제 부문의 기초를 쌓고 논리학을 창건하기도 하였다. 플라톤의 학교에서 수학하고, 왕자 시절의 알렉산더 대왕의 교육을 담당하였다.

거짓 벗은 분명한 적보다 나쁘다. —**서양 속담**

A false friend is worse than an open enemy.

애매한 행동을 하면 명성을 얻지 못하고 의심 사는 일을 하면 공이 없다. —**〈사기〉**

疑行無名 疑事無功 의행무명 의사무공

이솝우화 **박쥐의 애매모호한 처신**

새들과 쥐들 사이에 싸움이 벌어졌는데 어느 쪽이 이길지 불확실했다. 그래서 박쥐는 처음에는 중립을 지키다가 쥐들의 승리가 거의 확실해지자 얼른 쥐의 편을 들었다. 그런데 새들이 단결해서 싸움이 우세해지자 박쥐는 다시 새의 편을 들었고 결국 새들이 승리했다. 그러나 평화협정이 체결되자 새들과 쥐들 모두 박쥐의 행동을 비난하면서 박쥐와 함께 지내려 하지 않았다. 그 후로 박쥐는 어두울 때 이외에는 감히 남들 앞에 나서지 못한 채 침침한 구석이나 굴에서만 살게 되었다.

_기회주의자는 주변 사람들로부터 배척을 당한다.

상대방의 말에 너무 많이 동조하는 것도

대화의 분위기를 망치는 것이다. —**〈이솝우화〉**

Much agreement kills a chat.

친구는
그 사람의 거울이다

세상 사람들은 모두 유유상종類類相從으로 만난다. 운동을 좋아하는 사람은 운동을 좋아하는 사람들끼리, 음악을 좋아하는 사람은 음악을 좋아하는 사람들끼리, 주먹 쓰기 좋아하는 사람은 주먹들끼리, 권력을 좋아하는 사람은 권력을 좇는 사람들끼리 서로 모임을 만들고 무리를 지어 다닌다. 선인은 선인끼리, 악인은 악인끼리, 끼리끼리 만나고 어울리는 것을 유유상종이라 한다. 서로가 같은 기운을 끌어당기기도 하고 끌려가기도 하면서 일종의 공명현상을 일으키는 것이다.

자기 아들을 잘 모르겠거든 그가 사귀는 친구를 보라. —《순자》

不知其子 視其友 부지기자 시기우

친구를 보면 그 사람을 안다. —라틴 격언

He is known by his companions.

만물은 파동구조를 가지고 있어서 같은 파동끼리 서로 어울리며 작용한다. 파동구조를 갖는 것은 물질뿐만이 아니다. 사람의 마음心이나 생각思, 말言, 행동行도 똑같이 파동구조를 가지고 있다. 그리하여 마음의 주파수, 생각의 주파수, 말의 주파수, 행동의 주파수에 따라 서로 같은 것끼리 어울리며 작용한다.

삼라만상은 성질이 유사한 것끼리 모이고,
만물은 무리를 지어 나눠 산다. 거기서 길흉이 생긴다. — 《주역》
方以類聚 物以群分 吉凶生矣 방이유취 물이군분 길흉생의

한 사람의 심사언행心思言行은 일직선상에 있으며 주파수가 같다. 마음이 착하면 생각도 착하고 말도 착하고 행동도 착하게 한다. 마음이라는 발원지를 출발하여 생각을 거쳐 말과 행동으로 나타나는 것이다. 그래서 같은 주파수끼리는 통하는 것이다.

집 안에 군자가 있으면 문밖에 군자가 찾아오고
집 안에 소인이 있으면 문밖에 소인이 찾아온다. — 《현문》
門內有君子 門外君子至 문내유군자 문외군자지
門內有小人 門外小人至 문내유소인 문외소인지

긍정적인 마음心, 긍정적인 생각思, 긍정적인 말言, 긍정적인 행동行

이 바로 행복주파수이다. 우리의 일상생활 속에서 특히 언어를 사용함에 있어 이것은 매우 중요하다.

1665년 뉴턴은 만유인력의 법칙Law of universal gravitation을 발견했다. 그는 사과나무에서 떨어지는 사과를 보고, 사과를 나무에서 떨어뜨리는 힘이나 지구가 태양 주위로 돌게 하는 힘이 모두 같은 종류의 힘이라는 것을 발견했다. 나아가 우주에 있는 모든 물체가 서로 끌어당긴다는 사실을 알게 되었다. 아인슈타인의 상대성 원리는 이를 증명해 주는 논리이다.

> 같은 종류끼리 서로 따르고
> 같은 소리가 서로 어울리는 것은 본래 자연의 이치이다. —《장자》
> 同類相從 同聲相應 固天之理也 동류상종 동성상응 고천지리야

우주에 '만유인력'의 끌어당김 법칙이 있다면 사람에게도 '인유인력人有引力'의 끌어당김 법칙이 있지 않을까? 남녀 사이에 왠지 모르게 서로 끌려서 좋아하게 된다든지, 친구와 친구 사이에 의기투합이 된다든지, 직장에서 상사와 부하로서 호흡이 척척 잘 맞는다든지 하는 현상이 그것이다. 긍정적이고 생산적인 유유상종은 좋은 만남이다.

> 세상 사람들은 모두 자기와 같은 사람을 좋아하고
> 자기와 다른 사람은 싫어한다. —《장자》

世俗之人 皆喜人之同乎己 而惡人之異乎己也

세속지인 개희인지동호기 이오인지이호기야

'유유상종類類相從 선종생방善從生方', 즉 "같은 것끼리 서로 좇되 착함을 좇아야 사는 길이 있다."는 말은 뜻이 같은 사람들끼리 모이되 선한 일, 건설적인 일을 도모하는 것이 잘살 수 있는 길이라는 말이다. 도둑과 뭉치면 도둑질을 하게 되고, 좋은 사업가와 뭉치면 건설적인 사업에 참여하게 되고, 애국자와 어울리면 애국자가 된다. 인생은 유유상종의 '끌어당김'이요, 가는 대로 오는 '메아리'인 것이다.

이솝우화 농부와 당나귀

농부가 당나귀 한 마리를 사서 집에 있는 다른 네 마리의 당나귀와 같이 풀어 놓았다. 그런데 새로 산 당나귀가 네 마리 가운데 아주 게으르고 일을 하지 않는 당나귀 옆으로 다가가 앉았다. 이튿날 농부는 그 당나귀를 다시 몰고 가 전 주인에게 돌려주었다. 전 주인이 당나귀를 제대로 살펴보았느냐고 묻자 농부가 대답했다. "달리 살펴볼 필요도 없소. 그 친구를 보면 어떤 당나귀인지 한눈에 알 수 있으니까."

_사람들은 흔히 그들이 사귀는 친구와 비슷한 개성을 갖는다.

친구란 또다른 나이다. —제노

A friend is another I.

사랑할 수 있을 때
사랑하라

함께 있되 거리를 두라. 그래서 하늘 바람이 너희 사이에서 춤추게 하라.
서로 사랑하라. 그러나 사랑으로 구속하지는 말라. 그보다 너희 혼과 혼의
두 언덕 사이에 출렁이는 바다를 놓아 두라. 사랑은 계산하지 않는다.

사랑은 줄수록
풍성해진다

사랑은 관심이다. 맑은 미소와 친절한 인사, 따뜻한 말과 정다운 격려, 한순간의 배려나 도움의 손길, 이런 것들이 모두 사랑을 향해 내딛는 작은 발걸음이다. 사랑은 너와 내가 하나가 되는 것, 네가 행복해야 내가 행복해지는 것, 가진 것을 다 주고도 더 주지 못해 안타까워하는 마음이다.

> 사랑은 자신을 내주는 것이다. ―**김수환 추기경**

> 사랑은 다른 사람의 행복이 내 자신의 행복에
> 필수불가결한 상태이다. ―**로버트 A. 하인라인**[1]

> Love is that condition in which the happiness of
> another person is essential to your own.

---

[1] 로버트 A. 하인라인Robert Anson Heinlein(1907~1988). 미국의 작가. 아이작 아시모프, 아서 C. 클라크와 함께 소위 big three라 불리는 영미 SF문학계의 3대 거장이다.

바위와 나무의 사랑 이야기

해변의 절벽, 오랜 풍화작용을 견디다 못한 바위들이 쩍쩍 갈라져 떨어져 내리는 곳, 어느 날 그 틈에서 파란 싹이 돋아났다.

> **싹** ┃　나 여기서 살아도 돼?
>
> **바위** ┃ 위험해! 넓고 넓은 세상을 놔두고 왜 하필 여기로 왔어?
>
> **싹** ┃　운명이야. 바람이 날 여기로 데리고 왔어.

그 좁은 틈에서도 나무는 무럭무럭 자랐다.

그럼에도 바위는 나무를 볼 때마다 안타까운 마음이 들었다.

> **바위** ┃ 다른 곳에 뿌리를 내렸으면 정말 멋있는 나무가 되었을 텐데.
>
> **나무** ┃ 그런 말 하지 마. 난 세상에서 이곳이 제일 좋아.

말은 그렇게 했지만 나무는 시간이 갈수록 물이 부족하여 고통스러웠다.

> **바위** ┃ 뿌리를 좀 더 깊이 뻗어.

그러나 나무가 뿌리를 뻗으면 뻗을수록 바위는 고통스럽고 균열이 심해졌다. 나무와 바위는 그렇게 수십 년을 살았고 이윽고 최후의 순간이 오고 있었다.

> **바위** ┃ 나무야! 난 더 이상 버틸 수 없을 것 같아.
>
> 　　나는 이곳에서 십억 년을 살았어. 이제야 그 이유를 알겠어.
>
> 　　난 너를 만나기 위해 십억 년을 기다렸던 거야.

네가 오기 전까지 난 아무것도 아니었어.

네가 오고 나서 난 기쁨이 뭔지 알았어.

나무 | 나도 그랬어. 이곳에 살면서 한 번도 후회하거나 슬퍼하지 않았어.

그날 밤 폭풍우가 심하게 몰아쳤고 나무는 바위를 꼭 끌어안고 운명을 같이했다.

죽음보다 강한 것은 이성이 아니라 사랑이다. **—토머스 만 〈마魔의 산〉**

It is love, not reason, that is stronger than death.

사랑은 파동이다. 모든 생명체는 파동波動(wave)에서 시작된다. 서양에서는 파동으로, 동양에서는 기氣로 이루어진다고 믿는다. 인간의 감정에도 고유의 에너지 파동이 존재한다. 내가 싫어하는 동네 강아지나 고양이가 내 곁에 오지 않고 멀리 피하는 것도 내가 싫어하는 파동과 기를 느끼기 때문이다. 우리는 다 같이 사랑의 파동을 보내며 서로를 사랑하며 살아가야 한다.

사랑받지 못하는 것은 슬프다.

그러나 사랑할 수 없는 것은 훨씬 더 슬프다. **—미겔 데 우나무노[2] 〈젊은 작가에게〉**

It is sad not to be loved, but it is much sadder not to be able to love.

---

[2] 미겔 데 우나무노Miguel de Unamuno(1864~1936). 스페인의 소설가, 극작가, 철학자.

어미의 사랑은
계산하지 않는다

인공호흡은 과학자나 의사에 의해 시작된 것이 아니라 지극한 모성애에 의해 시작되었다. 물에 빠진 아이를 간신히 구했지만 숨을 쉬지 않고 축 처져 있자, 아이를 살리고 싶은 마음에 엄마가 계속해서 입에 숨을 불어넣었다. 그 덕에 아이는 물을 토하며 의식을 되찾았고, 이는 인공호흡법의 시초가 되었다. 사랑은 손익계산이 아니다. 진정한 사랑에는 조건 없는 희생이 자연스럽게 동반된다.

젖 먹이던 개가 호랑이에게 달려들어 물어뜯으며
새끼를 보호한다든지, 엎드려 있던 닭이 살쾡이에게 달려들어
병아리를 돌볼 때에는 자기 힘을 생각지 않는다. —《회남자》〈한림원翰林院〉
乳狗之噬虎也 伏鷄之搏狸也 不量其力 유구지서호야 복계지박리야 불량기력

모성의 자慈는 애愛보다 그 정도가 훨씬 강하다. 어미와 새끼를 잇는 기운이 곧 자慈이다. 어미는 어떠한 전제나 조건 없이 그 기운을 제 새끼에게 남김없이 쏟으며 어려운 일이 일어나면 몸을 던진다. 새끼를 구하려는 어미는 총칼로도 막지 못한다. 이런 어미의 사랑慈의 목숨을 살리는 기운이야말로 대도大道의 용勇이다.

여자는 약하지만 어머니는 강하다. —서양 속담

Woman is weak, but mother is strong.

여자는 약하나 어머니는 강하다. 여자는 젊어 한때 곱지만 어머니는 영원히 아름답다. 여자는 자신을 돋보이려고 하지만 어머니는 자식을 돋보이게 하려고 한다. 여자의 마음은 꽃바람에 흔들리지만 어머니의 마음은 태풍도 견뎌 낸다. 여자가 못하는 일을 어머니는 능히 해낸다. 여자의 마음은 사랑받을 때 행복하지만 어머니의 마음은 사랑을 베풀 때 행복하다. 어머니는 어린이에게 어미인 동시에 생명이다.

어머니란 어린아이의 입과 마음에서는

하느님과 같은 존재(이름)이다. —윌리엄 새커리[3] 《허영의 시장》

Mother is the name for God in the lips and hearts of little children.

---

[3] 윌리엄 새커리William Makepeace Thackeray(1811~1863). 영국의 작가.

남겨 둘 줄 아는 사랑이
지혜롭다

지혜로운 사랑이란 남겨 둘 줄 아는 사랑이다. 물질도, 건강도, 그리움도, 사랑도 남겨 두면서 영원을 기약하는 사람이 지혜로운 사람이다. 사랑에도 간격이 필요하다. 간격이란 사람과 사람 사이, 숨 쉴 수 있는 적절한 공간이다. 인간은 사람과 사람 사이의 존재이며, 사랑은 사람과 사람 사이에 머무는 감정이다.

사랑은 아름다운 꿈이다. ─**윌리엄 샤프**[4] 〈슬픈 마음〉

Love is a beautiful dream.

---

[4] 윌리엄 샤프William Sharpe(1934~). 미국의 경제학자.

사랑을 지켜 가는 아름다운 간격

함께 있되 거리를 두라. 그래서 하늘 바람이 너희 사이에서 춤추게 하라.

서로 사랑하라. 그러나 사랑으로 구속하지는 말라. 그보다 너희 혼과 혼의 두 언덕 사이에 출렁이는 바다를 놓아 두라.

서로의 잔을 채워 주되 한쪽의 잔만을 마시지 말라. 서로의 빵을 주되 한쪽의 빵만을 먹지 말라.

함께 노래하고 춤추며 즐거워하되 서로를 혼자 있게 하라. 마치 현악기의 줄들이 하나의 음악을 울릴지라도 줄은 서로 혼자이듯이.

서로 가슴을 주라. 그러나 서로의 가슴 속에 묶어 두지는 말라. 오직 큰 생명의 손길만이 너희의 가슴을 간직할 수 있다.

함께 서 있으라. 그러나 너무 가까이 서 있지는 말라. 사원의 기둥들도 서로 떨어져 있고 참나무와 삼나무는 서로의 그늘 속에선 자랄 수 없다.

—**칼릴 지브란**[5]

사랑이 있는 곳에 부족함이 없다. —**리처드 브롬**[6] 〈**명랑한 승무원**〉

Where love is there is no lack.

---

[5] 칼릴 지브란Kahlil Gibrant(1883~1931). 레바논계 미국인으로 문학가, 사상가, 시인. 대표작으로 산문시집 《예언자》가 있다.
[6] 리처드 브롬Richard Brome(1590~1653). 영국의 극작가.

사랑의 간격

서로 가슴을 주어라. 그러나 소유하려고는 하지 말라.
소유하고자 하는 그 마음 때문에 고통이 생기나니.

추운 겨울날, 고슴도치 두 마리가 서로 사랑했네.
추위에 떠는 상대를 보다 못해 자신의 온기만이라도 전해 주려던 그들은
가까이 다가가면 갈수록 상처만 생긴다는 것을 알았네.
안고 싶어도 안지 못했던 그들은 멀지도 않고 자신들의 몸에 난 가시에
다치지도 않을 적당한 거리에 함께 서 있었네. 비록 자신의 온기를 다 줄
수 없었어도 그들은 서로 행복했네. 행복할 수 있었네.

—이정하 〈고슴도치 사랑〉

　사랑에는 간격이 필요하다. 나무와 나무 사이에도 사랑의 간격,
생명의 간격이 있다. 나무들이 너무 붙어 있으면 햇볕을 골고루 받
을 수 없고, 뿌리가 얽혀서 병들어 죽게 된다. 나무에게만 사랑의 간
격, 생명의 간격이 있는 것이 아니다. 사람에게도 사랑의 간격이 있
어야 한다. 그래야만 그 사랑이 서로를 살리게 되고, 더 깊은 사랑으
로 성장하게 된다.

　　슬기로운 사람만이 사랑할 줄 안다. —세네카 〈루킬리우스에의 서한집〉
　　Only a wise man knows how to love.

자연으로
돌아가라

자연은 생색내지 않는다. 결코 공치사도 하지 않는다.
자연은 그 상태 그대로 그냥 있는 것을 허락한다. 그 상태 그대로 있다 함은 곧 자유이다.
자연은 있는 그대로 걸림이 없이 자유롭다.

있는 그대로가
자연이다

자연은 인간에게 숭배의 대상이며 예찬의 대상이다. 자연에서는 인연이 없는 것은 일어나지 않는다. 존재하는 모든 것이 그물같이 하나로 연결된 연기緣起[1]인 것이다. 자연은 소나기가 세차게 쏟아지고 회오리바람이 일어나도 다시 자연의 본성으로 돌아간다.

'자연은 자연 그대로가 자연이다.' 인간의 욕심 때문에 인위적으로 개발을 하고 길을 내고 동식물을 집 안으로 끌어들이는 것 자체가 자연을 훼손하는 것이고 본연의 가치를 상실하게 만드는 것이다. 새는 숲 속과 창공을 제 마음대로 날아다니는 동물이다. 그런데 새장 속에 잡아다 가두고 인간의 관상용으로 키우는 것은 새를 옥살이시키는

---

[1] 모든 현상이 생기生起 소멸하는 법칙. 이에 따르면 모든 현상은 원인인 인因과 조건인 연緣이 상호 관계하여 성립하며, 인연이 없으면 결과도 없다.

것이다. 산속에 피는 야생화도 산속에 둘 때 참자연의 모습을 간직한 야생화일 수 있다. 자연을 가까이하고 자연에서 세상의 이치를 터득하며 살아가는 것이야말로 인간의 본성을 찾는 길이요, 세상을 바로 바라보는 지혜를 익히는 것이다.

꽃이 화분 속에 있으면 결국 생기를 잃게 되고,
새가 새장 안에 있으면 결코 자연스럽지 않다. —**〈채근담〉**

花居盆內 終乏生機 화거분내 종핍생기

鳥入籠中 便減天趣 조입롱중 변감천취

이솝우화 **잡초와 화초**

정원사가 정원에서 잡초를 뽑고 있는 것을 보고 지나가던 사람이 물었다. "잡초는 심지도 않고 돌보지도 않는데도 잘 자라는데 어째서 정원에 심은 화초들은 물이 부족하면 시들어 버리는 걸까요?" 정원사가 대답했다. "잡초는 신의 섭리가 보살펴 주지만 화초는 인간의 손으로 돌보기 때문이지요."

_자연은 신의 작품이다.

자연은 뛰어넘으면서 앞으로 나가지 않는다. —**칼 폰 린네[2] 〈식물학〉**

Nature does not proceed by leaps.

---

2 칼 폰 린네|Carl von Linné (1707~1778). 스웨덴의 식물학자, 웁살라 대학교 식물학 교수.

조탁彫琢이란 연장으로 단단한 것을 새기고 깎고 쪼는 것이다. '조탁복박'이란 장인들이 세공을 할 때 끌로 새기거나 칼로 깎아 조각을 하더라도, 결국 자연스럽고 순박한 모습으로 돌아가는 것만이 진정한 작품이 된다는 뜻이다. 문장의 경우도 마찬가지다. 평범하면서도 꾸밈없는 글이 참다운 경지에 이르는 것이다. 사람도 수양을 쌓고 학문을 해야 하지만 그것에 얽매이지 않고 결국에는 소박하고 평범한 사람으로 돌아가는 것이 장자가 말하는 조탁복박이다.

깎고 새기고 쪼아도 본래의 소박한 모습으로 돌아간다. —《장자》

彫琢復朴 조탁복박

여의도 앞 한강 밤섬 이야기

1968년 여의도를 개발하면서 한강 하구를 넓혀 물길을 순조롭게 하기 위해 돌산지형인 밤섬을 폭파시켜 수심이 꽤 깊은 물길을 만들었다. 그런데 세월이 지나면서 홍수 때마다 상류에서 흘러내린 모래 퇴적물이 그 자리에 와 쌓이면서 다시 자연스럽게 옛 모습으로 복원되었다. 자연은 있는 그대로가 자연인 것이다.

자연은 자연의 섭리에 의하여 생기는 오묘한 신의 작품이다. 자연의 작용이 곧 신의 작업인 것이다.

장자의
무하유지향無何有之鄉

무하유지향無何有之鄉은 '아무것도 없는 시골'이라는 뜻으로 장자가 그린 이상향理想鄉이다. 향鄉은 시골이다. 도시가 있기 전부터 있던 곳이다. 도시가 인위로 건설되었다면 시골은 자연으로 이루어졌다. 오늘날 우리의 무하유지향은 도시에서 병든 우리의 아들들이 돌아오기를 기다리는 '대안향鄉'인지도 모른다.

> **이솝우화 길가의 개구리**
>
> 길가의 웅덩이에 살고 있는 개구리에게 어느 날 연못에 사는 개구리가 찾아와서 말했다. "나와 같이 가서 살자. 여기는 너무 위험해. 언제 무슨 사고가 닥칠지 몰라." 그러자 길가의 개구리가 말했다. "이곳에 벌써 정이 많이 들어서 살던 곳을 떠나 낯선 곳에서는 살 수 없을 것 같아." 얼마 지나지 않아 길가의 개구리는 지나가던 수레바퀴에 깔리고 말았다.
>
> _현실에 안주하는 삶은 더 나은 변화를 꾀할 수 없다.

자연과
인위

무엇이 '자연自然'이고 무엇이 '인위人爲'인가? 인간이 부모에게서 태어난 본래 모습이 자연이며 무위無爲이다. 반면에 억지로 코를 세우고 없는 쌍꺼풀을 만들고, 산을 밀어내 집을 짓고 밀림의 나무를 베어 내어 고속도로를 내고, 말의 목을 얽어매고 소의 코를 뚫는 것이 인위이다.

무위면 천하를 이용해도 여유가 있지만 유위면
천하를 위해 일한다 해도 쪼들린다.(무위는 속임수가 없기 때문이다.)—《장자》
無爲也則用 天下有餘 有爲也則爲 天下用而不足
무위야즉용 천하유여 유위야즉위 천하용이부족

사람이 만든 것이 '인위'인 반면에 바람길, 물길, 하늘을 걸림 없이 유유하게 있는 그대로 남겨 두는 것이 '무위'다. 이 세상 자연 모두가 오묘한 예술이다. 아름다운 천지의 자연에 몸을 맡기고 만물의 생성 변화에 따라 어디에도 구속되지 않고 살아가는 것이 무위의 삶이다.

우리 인체의 오장육부五臟六腑에는 불필요한 것이 없다. 어느 하나라도 없애거나 탈이 나면 몸을 망치게 된다. 세상만물도 마찬가지다. 생태계를 파괴하는 것은 인체의 어느 한 부분을 성형시키는 것이고 망가뜨리는 것과 같다.

> 자연의 즐거움을 아는 사람은 살아서는 자연을 따라 행하고
> 죽어서는 만물을 따라 변화한다. ―《장자》
>
> 知天樂者 其生也天行 其死也物化 지천락자 기생야천행 기사야물화

자연은 생색내지 않으며, 공치사도 결코 하지 않는다. 자연은 있는 그대로 존재하기를 허락한다. 있는 그대로 존재한다는 것이 곧 자유이다. 자연은 있는 그대로 존재할 때 걸림이 없이 자유롭다.

자연을 보호한다는 명목 아래 사람들은 이런저런 궁리를 하지만 그 발상부터가 잘못된 것이다. 뱃속의 아기(인간)가 어떻게 어미(자연)를 보호한단 말인가. 인간이 자연의 섭리에 맞추어 살아가는 것이지 자연이 인간의 지배를 받고 사는 것이 아니다.

자연의
도道

자연의 도道란 만물을 뻗어 나가게 하고 생生하게 하는 길이다. 도우며 위해 주되 생색내거나 소유하지 않고, 업적을 이루되 미련을 두지 않으며, 가면 보내고 오면 맞이하는 것이다. 오로지 얽매이지 않고 무위無爲를 떠나지 않는다. 이것이 자연의 도이다.

> 만물을 뻗어 나가게 하면서도 말로 드러내지 않고,
>
> 길러 주되 소유하지 않으며, 돕고 위해 주되 대가를 바라지 않고,
>
> 업적을 이루되 연연하지 않는다. —**〈노자도덕경〉**

萬物作焉而不辭 生而不有 爲而不恃 功成而不居
만물작언이불사 생이불유 위이불시 공성이불거

자연은 신의 예술품이다. Nature is the art of God. —**알리기에리 단테**[3]

---

[3] 알리기에리 단테Alighieri Dante(1265~1321). 이탈리아의 시인이자 예언자, 신앙인으로서, 전인류에게 영원불멸의 거작 《신곡》을 남겼다.

자연이 가지고 있는
자연권自然權

라틴아메리카의 에콰도르 헌법재판소는 2008년 7월 7일 세계 최초로 자연에게 권리를 부여하는 자연권Right of Nature을 국민투표로 통과시켰다. 미국의 역사가 로드릭 내시Roderick F. Nash는 "자유와 평등의 폭을 이제는 인간만이 아니라 살아 있는 모든 것에까지 넓혀야 한다."고 말했다. 우주 자연이 모두 인간의 것이 아니라는 말이다.

> 사물의 수가 많은 것을 일컬어
> 만萬이라 하는데, 사람도 그 속의 하나일 뿐이다. ─〈장자〉
> 號物之數謂之萬 人處一焉 호물지수위지만 인처일언

만물은 모두 평등하다는 것이 장자의 제물론齊物論이다. 제물齊物은 제일齊一(똑같다)이란 의미이다. 시비是非, 선악善惡, 미추美醜, 옳고 그름正邪,

화복禍福, 길흉吉凶, 생사, 현우賢愚, 경중輕重이 다를 바 없다. 인간이든 지렁이든 풀잎이든 다 똑같다.

> 내 몸도 내 것이 아니라 천지가 맡겨 놓은 모습일 뿐이다. —《장자》〈내편〉
>
> 吾身非吾有也 天地之委形 오신비오유야 천지지위형

그렇다면 내 몸은 누구의 것이란 말인가? 천지가 맡겨 놓은 허물일 뿐이다. 그러니 너 나를 서로 갈라놓고 벽을 쌓지 말라. 사람뿐만이 아니라 세상 만물은 그들이 가지고 있는 자연권을 존중받으면서 자연은 자연스럽게 보존될 때 아름다운 세상이 될 것이다.

> 자연이 진정한 법(질서)이다. —**존 플로리오**[4] 〈첫 결실〉
>
> Nature is the true law.

양계장의 닭들은 좁은 공간에서 움직이지도 못하고 옴짝달싹 못한 채 갇혀 지낸다. 밤에는 전등을 밝혀 잠을 재우지 않고, 먹이를 계속 주어 살찌운다고 한다. 하루 속히 몸무게가 늘어야 돈을 벌 수 있기 때문이다. 현대인들은 이렇게 스트레스로 체내에 독이 쌓인 육류를 먹고 산다. 그 독이 인간의 불치병의 원인이 되는 것인지도 모른다. 이 모두가 인간이 우주 만물에 대한 자연권을 유린한 대가代價를 치르는 것이다.

---

[4] 존 플로리오John Florio(1553~1625). 영국의 사전편집자, 몽테뉴 번역가.

자연이
최고의 의사다

미국의 저명한 자연주의자이며 채식주의자인 스콧 니어링Scott Nearing
은 40대부터 도시를 떠나 시골 숲속에서 절제된 전원생활을 해오다
가 향년 100세(1883~1983)로 생을 마감했다. 그는 평생을 자연 속에서
자연의 섭리에 맞춰 살았다. 스콧은 "몸의 건강에 꼭 필요한 것은 고
운 마음씨, 햇빛, 맑은 공기와 물, 그리고 살아 있는 땅에서 길러낸 무
공해 농산물을 가공하지 않고 골고루 먹는 것"이라고 말했다.

> 자연과 시간과 인내, 이 세 가지가 가장 위대한 의사이다. —헨리 조지 본
> Nature, time and patience are three great physicians.

행복은 건강이라는 나무에서 피어나는 꽃이다. 건강한 몸과 마음
을 유지하기 위해 스스로를 단련하라. 분노, 격정과 같은 격렬한
감정의 혼란을 피하고 정신적인 긴장이 계속되지 않도록 주의해야

한다. 건강하면 모든 것이 기쁨의 원천이 된다. 재산이 아무리 많더라도 건강하지 않으면 즐길 수 있는 마음의 여유를 가질 수 없다.

—아르투르 쇼펜하우어[5]의 《희망에 대하여》 중에서

철새들은 해마다 남쪽에서 겨울을 지내고 돌아와 가을이면 다시 계절을 따라 먼 길을 떠난다. 이렇게 정확히 계절과 시간을 맞출 수 있는 것은 우주의 역리인 태양을 이용하여 시간과 이동시기를 맞추기 때문이다.

자연에는 용서가 없다. —우고 베티[6] 〈염소의 섬〉
There is no forgiveness in nature.

급속한 공업화와 함께 인간의 자연파괴에 따른 지구 온난화 현상으로 남극과 북극의 빙하가 녹아서 바닷물이 증가하고, 수온 상승 등으로 지구생태계와 생명체의 자생위치가 변하여 괴질 발생의 주원인이 되고 있다. 또한 무선통신 발달에 따른 전파의 과다 방출로 벌들이 길을 찾는 체내 내비게이션이 오작동해 벌집으로 돌아오지 못하고 중도에 죽어 간다고 한다. 꽃가루 수정을 도와주는 벌이 없다면 곡물과 과일의 수정은 어떻게 할까? 이러한 현상이야말로 인류환경에 재앙이 오고 있다는 징후이다. 오늘은 어제의 결과이고 미래는 과거와 현재의 결과다.

---

[5] 아르투르 쇼펜하우어Arthur Schopenhauer(1788~1860). 독일의 허무주의 철학자.
[6] 우고 베티Ugo Betti(1892~1953). 이탈리아의 극작가.

인의仁義와
무위자연無爲自然

우주만물의 본성에 일치하는 무위자연의 길을 따른다면 인위적 규범으로서의 인의仁義 따위는 필요없다. 하지만 그 대도大道를 따르지 않기 때문에 어쩔 수 없이 인의나 도덕이 나오게 되는 것이라고 노자는 말한다.

> 자연의 도를 버림으로써 인의仁義가 나타났고,
> 혜慧와 지智가 나간 자리에 거짓이 생긴 것이다. —**〈노자〉**
> 大道廢有仁義 慧智出有大僞 대도폐유인의 혜지출유대위

기교적인 지혜가 나옴으로써 커다란 거짓이 생기고, 가족끼리 화목하지 못하기에 효도와 사랑이 생겨나며, 나라가 혼란해진 탓에 충신이 나온다고 한다.

도덕은 흔히 '이러이러해야 한다'는 당위로, 인위적인 표현이다. 이 당위는 자칫 도덕적 강요로 변질되어 인간의 굴레로 작용하기 쉽다. 진정한 도덕은 자연스럽게 우러나는 인간 내면의 발로이며, 이 발로야말로 진정한 무위자연의 대도다.

> 자연은 결코 우리를 속이지 않는다.
> 우리를 속이는 것은 언제나 우리 자신이다. —장 자크 루소[7]
> Nature never deceives us; it is always we who deceive ourselves.

자연의 순리에 역기능하며 살 때 주어지는 것은 고통뿐이라고 노자는 설파하였다. 사람 사는 세상의 이치와 도리는 유구한 시대를 초월하는 삶의 진리가 아닐까 싶다. 이것저것을 떠나 인간이 자연과 하나가 되어 만물과 하나로 살아가야 한다는 것이 좌망坐忘이다. 좌망은 시비와 분별을 떠나 대통大通과 하나 되는 것이다. 대통은 천일天一이요, 천일은 자연自然이요, 자연은 무위無爲이며, 무위는 곧 좌망이다. 불가에서도 망기亡己하라고 한다. 나를 버리라는 것이다. 나를 버리면 절대 자유를 누리는 좌망으로 통한다.

> 자연의 말과 지혜의 말은 결코 다르지 않다. —유베날리스 《풍차시집》
> Never does nature say one thing and Wisdom another.

---

[7] 장 자크 루소Jean-Jacques Rousseau(1712~1778). 18세기 프랑스의 사상가, 소설가. 주요 작품으로 《신 엘로이즈》, 《에밀》, 《고백록》 등이 있다. 19세기 프랑스 낭만주의 문학의 선구적 역할을 하였다.

우주 만물은
변한다

바다에 이는 파도는 바다의 본 모습이 아니라 바람이 지나갈 때 일시적으로 생겨나는 현상일 뿐이다. 파도는 바다에 계속 존재하는 것이 아니다. 바람 부는 순간에 잠시 일다가 사라지는 것이다. 그러나 파도는 실제로 있었던 실체인 색色인 동시에 영원한 실체가 없는 공空인 것이다.

제행무상諸行無常 우주 만물은 항상 변하여 움직이고 한 모양으로 머물지 않는다. 내 사랑, 내 자식, 내 재산, 내 명예 등 내 것에 대해 집착하지 말아야 한다.

색즉시공色即是空 이 세상에 눈으로 보이는 모든 모양이 있는 형체(사람의 모습, 사물 등)는 실상實相이 없는 일시적인 현상일 뿐 실제로는 공空이다.

공즉시색空卽是色 이 세상에 눈에 보이지 않는 형체가 없는 일시적인 현상들(사랑, 탐욕, 분노, 어리석음 등)은 현상 하나하나가 순간순간 그대로 존재한 실체이다. —《반야심경》

1957년에 7주간 빌보드 차트 연속 1위를 기록한 팻 분Pat Boone의 '모래 위에 쓴 사랑의 편지Love Letters in the Sand'라는 곡의 노랫말은 《반야심경》의 실체를 잘 보여 준다. 모래 위에 쓴 사랑의 편지는 실체로 존재했으나 밀려온 파도에 휩쓸려 사라져 버린다. 모래 위에 쓴 편지는 영원하지 않은 일시적인 현상인 '색즉시공'이고, 사랑했던 사실 자체는 눈에 보이는 형체는 없지만 실제로 존재한 실체인 '공즉시색'인 것이다.

세상에 땅과 하늘 외에는 아무것도 영원하지 않다.
—사라 브라이트먼의 노래 'Dust in the wind' 중에서
Nothing lasts forever but the earth and sky.

이솝우화 **아기 달에게 맞는 옷**
아기 달이 자기 몸에 꼭 맞는 옷을 지어 달라고 엄마 달에게 졸랐다. 그러자 엄마 달이 말했다. "네게 꼭 맞는 옷을 어떻게 만들어 줄 수 있겠니? 넌 지금 초승달이지만 곧 보름달이 되고 그다음엔 보름달도 아니고 초승달도 아닌 것이 된단다."
_세상 모든 것은 변한다.

삶과 죽음은
한몸이다

생명이 시작되는 그 순간은 한편으로 죽음이 시작되는 순간이기도 하다. 삶과 죽음은 동시에 생겨나는 것이다. 이것이 있기 때문에 저것이 있고, 저것이 없었다면 이것도 존재하지 않았을 것이다. 삶과 죽음은 서로 의지하여 한몸으로 존재한다.

> 태어나면 반드시 죽게 마련이다. —**도연명**[8] **〈만가시挽歌詩〉**
>
> **有生必有死** 유생필유사

해가 뜨면 반드시 지듯이 생生이 있으면 사死가 있기 마련이다(方生方死방생방사). 이것生과 저것死은 상대적인 관계에 있다. 사람의 모습

---

[8] 도연명陶淵明(365~427). 중국 동진東晉·송대宋代의 시인. 주요 작품으로《오류선생전》,《도화원기》,《귀거래사》 등이 있다.

같은 것은 갖가지로 변화할 뿐 변화하지 않는 것이란 처음부터 없다. 그대로 변화에 맡겨 두고 변화를 즐긴다면 즐거움이 한량없이 붙어 나리라. —〈장자〉

죽음의 공포 없이 죽는 것이 바람직한 죽음이다. —세네카 〈트로이의 여인들〉
To die without fear of death is a desirable death.

늙으면서 누구나 갖게 되는 소망 중 하나가 편안하게 잘 죽는 것이다. 그러나 그 편안한 죽음에 대한 준비를 하는 사람은 그리 많지 않다.

탈무드 **죽기 전에 회개하라**

"태어날 때가 있으면 죽을 때가 있다."는 말로 위로하지만 죽음에 대한 두려움과 순간순간 죽을 수 있다는 가능성은 누구에게나 상존한다. 그러므로 늘 죽음을 준비하는 마음으로 사는 것이 현명하다. "죽기 전에 회개하라."는 말은 지금 즉시 회개하라는 뜻이다. 언제 죽을지 모르기 때문이다.

오래 살고 싶어하고 죽기 싫어하는 것은 인지상정人之常情이다. 그러나 그것이 과연 옳은 생각인가? 새싹과 낙엽이 한 몸이듯 생과 사도 한 몸이다. "생이란 한 조각의 뜬구름이 일어나는 것이요, 죽음이란 한 조각의 뜬구름이 사라지는 것이다." —기화 〈함허어록〉

고통과 죽음은 인생의 한 부분이다.
따라서 그것을 거부하는 것은 곧 인생 자체를 거부하는 것이다. —서양 속담
Pain and death are a part of life,
to reject them is to reject life itself.

한 줌의 흙으로 돌아가는 것이 인생이다. "사람은 같은 냇물에 두 번 발을 담글 수 없다. 물이 계속 흐르기 때문이다."라고 플라톤은 말했다. 때의 흐름은 다만 나아갈 뿐 되돌아오지 않는다. 세월의 흐름 속에 함께 흐르며 어떻게 그 흐름을 느끼겠는가만은, 우리 인생은 순간순간 죽음 곁으로 다가가고 있다. 깨끗한 물, 더러운 물이 하나가 되어 바다를 이루듯, 우리 인간도 이승의 모든 것을 버리고 한 줌의 자연으로 돌아갈 준비를 해야 한다.

하늘의 섭리에 따르고 편안한 마음으로
운명을 받아들이면 근심걱정이 없다. —(주역)
樂天知命 故不憂 낙천지명 고불우

주는 것을 연습하라. 내 마음이 맑아야 다른 사람을 밝게 도와줄 수 있다. 남에게 주는 것이 오히려 나를 채우는 것이기에 다른 사람을 위해 무엇인가를 해야 한다. 살아오면서 나도 모르게 알게 된 지혜를 이제는 사심없이 타인에게 베풀고 그럼으로써 세상과 균형을

이룰 수 있다. —울필라스 마이어[9]의 《해피 에이징》 중에서

충실하게 보낸 하루가 행복한 잠을 가져다주듯이
충실하게 보낸 인생은 행복한 죽음을 가져다준다. —**서양 속담**
As a well spent day brings happy sleep,
so life well used brings happy death.

탈무드 **여우와 포도밭**

여우가 울타리 때문에 도저히 들어갈 수 없는 포도밭에 사흘을 굶어 야윈 뒤 가까스로 울타리 틈으로 들어갔다. 포도밭에 들어가 포도를 실컷 먹었으나 배가 불러 몸이 빠져나올 수 없게 되자 여우는 할 수 없이 다시 사흘을 굶어 야윈 후에야 겨우 빠져나올 수 있었다. 여우가 말했다. "배가 고프기는 들어갈 때나 나올 때나 매한가지군." 인생도 마찬가지다. 사람은 누구나 빈 손으로 왔다가 빈 손으로 돌아가게 마련이다. 사람은 죽을 때 이 세상에 가족과 재산과 선행, 이 세 가지를 남기는데, 선행 이외의 것은 그다지 중요한 것이 못 된다.

삶이란 죽음으로의 과정이요, 죽음이란 삶으로의 시작이니, 누가 그 근본을 알랴. 삶이란 기운의 모임이니, 기운이 모이면 태어나고 기운이 흩어지면 죽는다. 이와 같이 생生과 사死가 동반자임을 안다면 무엇을 근심하랴. —〈**장자**〉〈외편〉

---

[9]울필라스 마이어Ulfilas Meyer(1951~). 독일의 심리치료사. 지은 책으로 《달리기의 기쁨》, 《나는 달리기 위해 태어났다》 등이 있다.

죽을 때
가장 후회하는 것

죽을 때 가장 후회스러운 것 세 가지를 꼽으라고 하면 사람들은 대부분 다음 세 가지를 꼽을 것이다. 첫 번째는 왜 좀 더 베풀지 못했을까, 두 번째는 왜 좀 더 참지 못했을까, 세 번째는 왜 좀 더 즐기며 행복하게 살지 못했을까 하는 후회일 것이다.

자연은 우리에게 모습을 주었고 삶을 주어 우리를 노력하게 하며
늙음을 주어 우리를 편안케 하고 죽음을 주어 우리를 쉬게 한다. —〈장자〉
夫大塊載我以形 老我以生 佚我以老 息我以死
부대괴재아이형 노아이생 일아이노 식아이사

인생이란 이번 생에 잠시 인연 따라 나왔다가 인연이 다하면 인연 따라 갈 뿐이다. 장작 두 개를 비벼서 불을 피웠다면 불은 어디에서

온 것인가. 장작 속에서, 아니면 공기 중에서, 그도 아니면 우리의 손에서 나왔는가, 아니면 신이 불을 만들어 주었는가. 그저 공기와 장작, 우리의 의지가 인연으로 화합하여 잠시 불이 만들어졌을 뿐이고, 장작이 다 타고 나면 사라질 뿐이다.

탈무드

사람은 태어날 때는 주먹을 쥐고 있지만 죽을 때는 주먹을 편다. 태어날 때는 세상 모든 것을 쥐려 하기 때문이고, 죽을 때는 가지고 있는 모든 것을 남은 사람들에게 주고 가기 때문이다.

수의壽衣에는 호주머니가 없다. —**서양 속담**

Shrouds have no pockets.

이것이 우리 몸을 비롯한 모든 존재의 생사生死이다. 불을 어찌 고정된 실체라 할 수 있으며 '나'라고 내세울 수 있겠는가. 다만 공空한 인연생因緣生 인연멸因緣滅일 뿐이다. 여기에 내가 어디 있고 내 것이 어디 있으며 진실한 것이 어디 있는가. 다 공적할 뿐이다.

나무는 뿌리로 돌아간 뒤에야 꽃과 가지와 잎의
허망한 옛 영화를 알게 되고, 사람은 관 뚜껑을 덮은 뒤에야
자손과 재물이 쓸데없다는 것을 알게 된다. —**〈채근담〉**

樹木 至歸根而後 知花蕚枝葉之徒榮 수목 지귀근이후 지화악지엽지도영
人事 至蓋棺而後 知子女玉帛之無益 인사 지개관이후 지자녀옥백지무익

재물은 악한 방법으로 모으건 선한 방법으로 모으건
죽음에 이르러서는 결국 한낱 빈 몸이 되고 만다.

逆取順取 到頭總是一場空 역취순취 도두총시일장공 —**《현문》**

　다음은 《삼국지》에 나오는 구절로 참으로 깊은 깨달음을 우리에게 전해 준다.

　"꿈이 꿈인 줄 알려면 그 꿈에서 깨어나야 하고, 흐름이 흐름인 줄 알려면 그 흐름에서 벗어나야 한다. 때로 땅 끝에 미치는 큰 앎과 하늘에 이르는 높은 깨달음이 있어 더러 깨어나고 또 벗어나는 그 같은 일이 어찌 우리에게까지도 한결같을 수가 있으랴. 놀이에 빠져 해가 져야 돌아갈 집을 생각하는 어린아이처럼 티끌과 먼지 속을 어지러이 헤매다가 때가 와서야 놀람과 슬픔 속에 다시 한 줌 흙으로 돌아가는 우리인 것을."

새는 죽을 때가 가까우면 그 우는 소리가 구슬프고
사람은 죽을 때가 가까우면 그 말이 선해진다. —**《논어》**

鳥之將死 其鳴也哀 人之將死 其言也善 조지장사 기명야애 인지장사 기언야선

자신을 하늘에 고백하라.
지난 일을 회개하라. 닥쳐올 것을 피하라. —**세익스피어 《햄릿》**

Confess ourself to heaven. Repent what's past. Avoid what is to come.

12

인간은 평생을
배우면서 살아간다

인간으로서 인간답게 살아가기 위해 배움은 필수이다.
배움은 인간을 바람직한 방향으로 변화시키는 지혜의 원천이며, 인격을 형성시켜 자기
결정과 통제능력을 형성하도록 돕는다. 가정과 학교와 사회 모두가 우리의 배움터이고,
유아기부터 노년기까지 전 생애가 평생 학습기간이다.

배움은 도둑도
빼앗아 가지 못한다

유대민족은 오랜 세월 이 나라 저 나라로 쫓겨 다니며 온갖 수모와 모진 고통을 겪으면서 생존해 왔다. 그래서 유대인 아이들은 지금까지도 이 세상에서 가장 소중한 것이 무엇이고, 남들이 빼앗아갈 수 없는 것이 무엇이냐고 물을 때 그것은 바로 지식이라고 배운다고 한다. 유대인들은 언제나 지니고 다닐 수 있고, 내게서 남들이 빼앗을 수 없는 지식이야말로 가장 중요한 재산이라고 본 것이다.

황금이 상자에 가득한 것이 자식에게 학문(경서)을 가르치는 것만 못하고, 자식에게 큰 재산을 물려주는 것이 기술 하나 가르치는 것만 못하다. —**〈명심보감〉**

黃金滿籯 不如教子一經 황금만영 불여교자일경

賜子千金 不如教子一藝 사자천금 불여교자일예

어느 학자가 같은 배를 타고 가는 상인에게서 "당신은 무슨 물건을 팔러 다니시오?"라는 질문을 받았다. "나는 이 세상에서 가장 귀중한 것을 팝니다."라는 학자의 말에 궁금증이 더해진 상인은 그가 잠이 든 사이에 그의 짐꾸러미를 뒤져 보았으나 아무것도 없었다. 그러던 중 뜻지 않게 풍랑을 만나 배가 난파되었고 그들은 가까스로 어느 해안에 닿았다. 학자는 그 마을 예배당을 찾아가 사람들에게 많은 이야기를 해 주었다. 그러자 마을 사람들은 그가 매우 훌륭한 학자라고 생각했고, 얼마 후 그는 많은 재물을 모았다. 상인들은 너나 없이 감탄했다. "과연 당신이 옳았소. 우리는 팔 물건을 모두 잃어버렸지만, 당신은 살아 있는 동안 잃어버리지 않는 물건을 가지고 있으니 말이오."

교육이 사람을 만든다.

Education makes the man. —J. 코던 〈천재의 출생과 교육〉

사람은 학문으로 배우고 일상을 통해 경험하고 고뇌에 찬 고민을 해 봐야 어떤 문제에 대한 정답을 확실하게 알 수 있다. 배우지 않으면 원리를 모르고, 책으로 배우기만 하고 현장과 현실을 모르면 공허한 사설에 불과한 것이다.

가장 난폭한 야생 망아지가 길들이면 명마가 된다. —테미스토클레스 〈영웅전〉

The wildest colts make the best horses.

가정교육이
인성의 뿌리가 된다

백년지대계百年之大計란 '백년 앞을 내다보는 큰 계획'이라는 뜻이다.
그러므로 국가와 사회발전의 근본 초석이요, 그 영향이 심원한 교육
을 백년지대계라고 하는 것이다.

집안이 화목하면 가난해도 행복하고, 의롭지 못하면 부자인들 무엇하랴.
효도하는 자식 하나만 있다면 자손이 많아서 무엇하랴. ─〈명심보감〉

家和貧也好 不義富如何 가화빈야호 불의부여하

但存一子孝 何用子孫多 단존일자효 하용자손다

백년지대계는 가정에서 비롯된다. 로버트 브라우닝Robert Browning
은 "행복한 가정은 이승에서 미리 누리는 천국"이라고 했다. 행복한
가정에서 자란 아이는 행복한 사람, 사회에 도움이 되는 사람으로

자라나기 마련이다. 어려서 형성된 인성, 즉 습관과 성격 등은 쉽게 변하지 않기 때문이다. 그래서 가정은 인생의 뿌리이고 행복의 시발점이다.

집안을 다스림에는 네 가지 가르침이 있으니,
근면과 검소, 공손함과 너그러움이다. —《소학》〈선행〉
御家以四教 勤儉恭恕 어가이사교 근검공서

사회도 커다란 의미에서 가정으로 볼 수 있다. 사업하는 사람은 직원들이 가족이고, 정치인은 정당의 구성원들이 가족이고 크게는 국민이 가족이다. 한눈 팔지 않고 내 자신, 내 가족, 내 나라의 장래에 대해 늘 지성으로 관심을 가지면 '수신제가치국평천하修身齊家治國平天下'할 수 있다. 우리의 언행과 마음속 생각까지도 모두가 우리의 업業을 짓는 일인 만큼, 가족이나 주변 사람들에게 안팎이 다른 이중적인 언행을 한다면 그 자체가 자신을 속이는 나쁜 업을 쌓는 것이다. 《금강경》에 따르면, 공덕심功德心이 곧 선업善業을 쌓는 것이며 선善은 마음속의 나를 버린 청정한 마음, 항상 맑은 마음에 있다고 한다.

가정을 사랑하는 마음속에서 애국심도 생겨난다. —서양 속담
In the love of home, the love of country has its rise.

《명심보감》〈입교편立敎篇〉에서는 가정이 바로 설 수 있는 4대 근본에 대해 다음과 같이 가르친다.

勤儉근검은 治家之本치가지본이다.

근면하고 검소한 생활이 집안을 굳건히 다스리는 근본이란 뜻으로
근면과 검소를 함께 내세운 것은 주목할 점이다. 근면은 수입과 관련되고
검소는 지출과 관련된다. 생산적인 면에서는 부지런해야 하고
소비 측면에서는 사치하지 않고 절약하는 생활을 해야 한다는 뜻이다.

順理순리는 保家之本보가지본이다.

집안을 편안하게 보전하는 근본은 선악을 가려내는 도덕적 규범생활에
있다는 뜻으로 세상의 이치에 따라 살아간다는 의미다.

和順화순은 祭家之本제가지본이다.

가정의 질서를 유지하기 위해서는 서로 화목하고 어진 마음으로
대해야 된다는 뜻이다. 가족 간에 싸움과 시비가 잦으면 자연히 질서가
문란해지므로 착한 마음으로 화목을 이루어 나가야 한다.

讀書독서는 起家之本기가지본이다.

집안을 일으키는 근본은 배우는 것에 있다는 말이다. 즉, 비록 집이
가난하여 정규 공부는 못했다 하더라도 독서만은 끊지 말라는 뜻이다.
예나 지금이나 학문과 지식은 처세의 무기인 것이다.

가정은 모든 도道의 근본이다. 몸이 건강하기 위해서는 우리 몸의 모든 세포가 건강해야 하듯이 우리 사회가 행복하기 위해서는 각 가정이 모두 행복해야 한다.

어린이는 꾸짖는 것보다 솔선수범을 필요로 한다. —조제프 주베르 〈명상록〉
Children have more need of models than of critics.

가정은 어린이 인성교육의 처음이자 마지막 배움터이고 부모는 제일 가는 스승이다. 어린이는 부모의 말과 행동을 그대로 따라 배우기 때문에 가정교육은 아이의 장래 인성의 뿌리가 되며, 잠재의식 속에 남아서 삶에 영향을 미친다.

한 집안의 어진 가풍이 온 나라에 어진 기풍이 일게 하고,
한 집안의 겸양의 가풍이 온 나라에 겸양의 기풍이 가득케 하고,
한 사람이 도리에 어긋나 탐욕에 빠지면 온 나라가 혼란해지니,
자그마한 빌미 하나가 큰 파란을 일으킨다.

—《대학》〈제가편齊家篇〉

一家仁 一國興仁 一家讓 一國興讓 일가인 일국흥인 일가양 일국흥양

一人貪戾 一國作亂 其機如此 일인탐려 일국작란 기기여차

물고기 잡는 법을
가르쳐라

주입식이나 암기식 교육은 아이를 앵무새로 자라게 한다.

유대인 부모들은 아이들에게 "선생님에게 자주 물어보아라."라고 말한다. 그러나 한국 어머니들은 "선생님 말씀 잘 들어라."라고 아이들을 타이른다. 단순하고 작은 차이라고 생각되지만 이러한 가르침의 결과는 훗날 아이들이 사회에 나갔을 때 하늘과 땅만큼 다른 결과를 낳는다.

> 사고력을 기르지 못하는 교육은 결국 정신을 타락시킨다. —**서양 속담**
> An education which does not cultivate the will is
> an education that depraves the mind.

지식을 가르치는 것과 지식을 얻는 법을 가르치는 것은 분명히 다르다. 물고기 한 마리를 주면 하루를 살지만 물고기 잡는 법을 가르치면 일생을 살아갈 수 있다. '물고기'가 지식이라면 '물고기를 잡는 방법'은 지식을 얻는 방법, 즉 지혜인 것이다.

하나의 훌륭한 머리가 백 개의 강한 손보다 낫다. —토머스 풀러 《잠언집》
One good head is better than a hundred strong hands.

유대인들은 아이들에게 커서 의사가 되어라, 판사가 되어라 강요하지 않는다. 장래의 선택은 아이들 자신의 행복과 관계되는 것이기 때문에 부모가 관여하지 않는다.
스스로 공부를 하는 아이들은 스스로 자기의 능력을 적극적으로 찾아보려는 좋은 경향을 지니게 된다. 제 갈 길을 제가 찾아가는 것이다.

지智의 주요 기능은 화禍를 면하게 하는 것이다. —《여씨춘추》
智貴免禍 지귀면화

교육의 기본 기능은 인간을 바람직한 상태로 변화시킨다는 점이다. 인간으로서 인간답게 살아가기 위해 교육이 필요하고, 인간으로서 성장하는 과정 자체가 교육인 것이다.

지혜는 우선 옳은 것을 가르쳐 준다. —유베날리스
Wisdom first teaches what is right.

배우고 사색해야
이치를 깨닫는다

배운 바를 깊이 관찰하고 고민해야 그 이치를 깨우치고 자기 확신과
신념과 소신이 생긴다.

학문을 해도 사색하지 않으면 애매하고,
사색해도 학문을 하지 않으면 확신할 수 없다. —《논어》
學而不思則罔 思而不學則殆 학이불사즉망 사이불학즉태

많이 배운 사람임에도 불구하고 매사에 태도가 분명치 않은 사람
이 있는가 하면, 크게 배운 것 없는 시골 할머니나 자영업으로 어렵
게 성공한 사람임에도 하는 말마다 깊은 철학과 분명한 소신이 드러
나는 경우가 있다. 그들은 모든 것을 직접 겪으면서 세상을 살아왔기
때문에 옳고 그름에 대한 판단과 자기 확신이 뚜렷한 것이다.

인생에 대해 깊게 고뇌하는 사람만이 경험을 통해 세상의 이치를 스스로 자각하고, 자기 판단력과 지혜를 지니게 된다.

배워 알면서도 행하지 않음을 병이라 이른다. ―《장자》
學而不能行謂之病 학이불능행위지병

학문이라는 것은 안에서 찾는 것이다. 안에서 찾지 않고 밖에서 찾는 것은 성인의 학문이 아니다. 옛날의 공부는 학문의 깊은 이치를 조용히 음미하게 해 선후先後 본말本末이 분명했는데, 오늘날의 공부는 이치를 깨닫지 못한 채 겉만 외우고 익히게 할 뿐이다.

덮어놓고 책만 믿는 것은 책이 없는 것만 못하다. ―《맹자》
盡信書則不如無書 진신서즉불여무서

생각을 안 하기 때문에 어리석어지고, 구하지 않기 때문에 얻지 못하며, 묻지 않기 때문에 알지 못한다. 학문은 많이 아는 것이 중요한 것이 아니라 올바르게 아는 것이 중요하다. 올바르면 박식할 수 있다.

평생 배우면서 산다. ―서양 속담
Live and learn.

깊이 파고들면
그 이치를 꿰뚫는다

격물치지格物致知는 세상만물의 현상과 질서를 끊임없이 탐구함으로써 인간의 내부에 지혜가 축적되고 진리가 충만되는 것이다. 이것은 모든 개인의 수양과 사회생활에 요구되는 전제조건으로 인간의 가치를 실현하는 기본이라 할 수 있다. 천하의 만물은 이치가 없는 것이 없다. 끝까지 힘써 파고들면 온갖 사물의 본질과 이치를 꿰뚫어 물리物理가 확 트이고 지식의 극치에 이를 수 있다.

　다음은 《대학》〈장구〉에 나오는 군자(리더)가 되기 위한 8조목(학문의 8단계)이다. "① 격물格物; 사물의 이치를 끝까지 살펴, ② 치지致知; 지식을 지극히 하고, ③ 성의誠意; 뜻을 참되게 하며, ④ 정심正心; 마음을 바르게 하고, ⑤ 수신修身; 자신을 향상시킨 다음, ⑥ 제가齊家; 집안을 화목하게 하고, ⑦ 치국治國; 나라를 다스리고, ⑧ 평천하平天下; 천하를 평정한다.

끊임없이 갈고닦는다는 점에서 《대학》의 격물치지格物致知와 전문가Expert 연구의 거장인 스웨덴의 심리학자 앤더스 에릭슨Anders Ericsson의 '1만 시간의 법칙'과 일맥상통한다고 볼 수 있다.

그의 연구에 의하면 베를린음악아카데미 학생 중 4,000시간을 연습한 학생은 음악선생이 되고, 8,000시간을 연습한 학생은 훌륭한 연구가, 1만 시간을 연습한 학생은 유명한 전문음악가가 되었다고 한다.

1만 시간이면 하루에 3시간씩 연습한다고 칠 때 10년이라는 긴 기간에 해당한다. 노력하지 않았는데 최고가 된 사람도 없고, 열심히 했는데 두각을 나타내지 못한 사람도 없다. 성공의 키워드는 바로 불굴의 노력인 것이다.

> 남이 한 번 해서 능숙해지면 나는 백 번을 하고,
> 남이 열 번 해서 능숙해지면 나는 천 번을 한다. —《중용》
> 人一能之 己百之 人十能之 己千之 인일능지 기백지 인십능지 기천지

심마니가 산삼을 캘 때 머리카락같이 가느다란 실뿌리 하나조차도 손상이 가지 않도록 산삼 주변을 넓고 깊게 파서 온전한 산삼뿌리를 캐내는 것처럼 목표에 대한 지식을 넓고 깊게 파고들어가 그 근본을 끌어내고 본질을 터득하는 열성만이 성공에 이르게 한다.

> 한 가지를 깊숙이 알게 되면 숨어 있는 것까지 모두 알게 된다. —한문 속담
> 深智一物 衆隱皆樂 심지일물 중은개락

맹자의 어머니는
왜 세 번 이사를 갔나

'맹모삼천지교孟母三遷之敎'란 맹자의 어머니가 아들을 가르치기 위해 세 번이나 이사했음을 이르는 말로, 환경이 아이들의 생활과 습관에 얼마나 중요한 영향을 미치는지를 일깨워 준다. 맹자가 어렸을 때 묘지 가까이 살았더니 장사 지내는 흉내를 냈다. 이에 맹자의 어머니가 집을 시전 근처로 옮겼더니 이번에는 물건 파는 흉내를 냈다. 그리하여 서당이 있는 곳으로 다시 이사를 갔더니, 그제야 맹자가 글을 읽게 되었다고 한다.

> 학교 가까이 사는 참새는 라틴어 입문서로 노래한다. —**서양 속담**
>
> (서당 개 삼 년에 풍월 읊는다.)
>
> The sparrow near a school sings the primer.

어린이 감각작용의 70~80%는 시각視覺이며 성장 초기 과정에서 집중적으로 흡수된다고 한다. 삶의 판단 근거가 될 지식의 기본적인 축적이 이 시기에 이뤄지는 것이다. 정돈된 환경에서 자랄수록 긍정적인 사고를 하게 되고 자발적인 도덕성도 함께 높아지는 것이다.

순자苟子[1]는 환경이 인간 교육에 미치는 영향을 다음과 같이 강조했다.

> 꾸불꾸불한 쑥도 곧은 삼 속에서 자라면 곧게 자라나고,
> 흰 모래도 갯벌 속에 있으면 모두 검어진다.

蓬生麻中 不扶而直 白沙在涅 與之俱黑 봉생마중 불부이직 백사재날 여지구흑

《명심보감》에서도 '근묵자흑近墨者黑'이라 하여, 먹을 가까이 하면 함께 검어지므로 경계하라고 했다.

근주자적近朱者赤이란 말은 인주를 가까이 하는 사람은 붉은색으로 물이 든다는 뜻으로, 나쁜 사람과 사귀면 자신도 나빠지고 좋은 사람과 만나면 자신도 좋은 사람이 된다는 뜻이다.

오프라 윈프리는 주변에 험담하는 사람을 멀리하고, 나에 버금가는 혹은 나보다 나은 사람들로 주위를 채우라고 했다.

그러므로 군자는 거처함에 있어서 반드시 좋은 곳을 골라야 하며 교제함에 있어서는 반드시 선비와 어울려야 한다.

---

[1] 중국 주나라 때의 유학자.

나무는 어릴 때
바로 세워야 한다

유년기 교육은 아이의 정서에 씨앗을 심는 일이다. 이 시기에 어떤 씨앗을 심느냐에 따라 장차 정자나무로 자랄 수도 있고 가시덩굴이 될 수도 있다. 기본적으로 아이들의 교육은 가정에서 시작된다. 가정과 교육은 같은 뿌리를 지니는 것이다.

날 때부터 현명하고 유식한 사람은 없다. —**서양 속담**

No man is born wise or learned.

교육자 루소는 "교육의 목적은 기계를 만드는 것이 아니라 사람을 만드는 것이다."라고 했다. 오늘날의 주입식 교육으로는 참된 사람을 키울 수 없다. 지식을 강요하기 이전에 먼저 아이들에게 효도하는 법, 남을 인정하는 법, 상대를 배려하는 법, 질서를 지키는 법, 감사

할 줄 아는 법, 정직하게 사는 법, 애국하는 법 등을 가르쳐야 한다.

나무는 어릴 때 바로 세워야 한다. —**서양 속담**

The tree must be bent while it is young.

떡잎 때 따 버리지 않으면

장차 도끼로 그 가지를 찍어 내야 한다. —**강태공 〈육도삼략六韜三略〉**

兩葉不去 將用斧柯 양엽불거 장용부가

탈무드 **교육**

향수 가게에 들어가면 향수를 사지 않아도 몸에 향수 냄새가 배고, 가죽 가게에 들어가면 역한 가죽 냄새가 몸에 밴다. 어린이에게 가르치는 것은 백지에 무엇을 쓰는 것과 같고, 노인에게 가르치는 것은 가득 채워진 종이에 빈 자리를 찾아 써 넣는 것과 같다.

아무리 혈통 있는 명견이라도 강아지 때부터 동네똥개들과 어울려 놀면 쓰레기통이나 뒤지는 똥개가 되고, 이름 없는 똥개라도 강아지 때부터 명견들과 같이 훈련시키면 놀라운 명견이 될 수 있다.

마땅히 행할 길을 아이에게 가르쳐라.

그리하면 늙어도 그것을 떠나지 아니하리라. —〈잠언〉 22:6

어른은
움직이는 교과서다

우리나라는 핵가족화와 맞벌이로 인해 아이들에게 올바른 가정교육을 시킬 수 있는 가정환경이 점차 무너지고 있다. 봄에 씨 뿌리는 기회를 놓치면 농사를 망치듯, 아이들 인격 형성에 바른 정신의 씨를 심어 줘야 할 때를 놓치고 있는 것이다.

인간은 모방적 동물이다. 이 특성은 인간의 모든 교육의 근원이다. 요람에서 무덤까지 인간은 남이 하는 것을 보고 그대로 따라 배운다. —**토머스 제퍼슨**[2]
Man is an imitative animal. This quality is the germ of all education in him. From his cradle to his grave he is learning to do what he sees others do.

"그 아버지에 그 아들(부전자전)"이라는 속담이 있다. 가정에서는 부

---

[2] 토머스 제퍼슨Thomas Jefferson(1743~1826). 미국의 정치가, 교육자, 철학자.

모가, 학교에서는 선생님이, 사회에서는 지도층이 모범을 보여야 아이들이 따라서 배우고 사회가 바로 서고 반듯한 세상이 된다.

> 아버지 한 명이 백 명의 스승보다 낫다. **—조지 허버트**[3] 〈**名言**〉
> One father is more than a hundred schoolmasters.

필자의 외손자가 두 살 때 일이다. 어느 날 누군가 동네 차 10여 대의 유리창을 깨 놓은 것을 보고 애 엄마가 엉겁결에 "어떤 놈이 이랬지?"라고 말했다. 이후 손자는 조금만 이상한 일이 있으면 "이거 어떤 놈이 이랬지?"라고 한참 동안 따라 했다. 아이들은 어른을 보고 배운다. 보고 듣는 것 자체가 교육이며 무의식과 잠재의식에 자리를 잡고 평생 동안 영향을 끼치게 된다. 그러므로 최선의 교육은 어른 스스로 모범을 보이는 것이다."

> 늙은 수탉이 우는 소리를 어린 수탉이 따라 배운다. **—서양 속담**
> As the old cock crows, the young cock learns.

> 사람이 타고난 바탕은 서로 비슷하지만
> 시간이 흐르면서 습관에 의해 서로 멀어진다. **—〈논어〉**
> **性相近也 習相遠也** 성상근야 습상원야

---

[3] 조지 허버트George Herbert(1593~1633). 영국의 시인.

교학敎學에
정성을 다하라

줄탁동시啐啄同時

조계종 수행의 길인 간화선看話禪[4]에 나오는 말이다.

벽암록에 깨달음의 과정에서 스승과 제자와의 관계가 어떤 것인
지를 말해 주는 것으로 줄탁啐啄이라는 방법을 썼다. 이 줄탁이란 줄
탁동시啐啄同時를 말한다. 줄啐이란 병아리가 밖으로 나올 때가 다 되
어 알 속에서 톡톡 쪼는 소리를 내는 것이고, 탁啄이란 어미닭이 병아
리를 맞기 위해 껍질을 쪼는 것이다. 병아리의 줄과 어미닭의 탁이
동시에 일어나야만 병아리는 알에서 탁 하고 깨어 나올 수 있다. 어미
닭은 21일쯤 정성껏 알을 굴리면서 따뜻한 체온으로 품는다. 알의
체온이 어미닭과 같아질 때 병아리가 알을 깨고 밖으로 나오기 위해

---

[4] 화두話頭를 근거로 수행하는 참선법. 화두란 불가의 수행자가 깨달음을 얻기 위해 참선하며
진리를 탐구하는 문제이다.

있는 힘을 다하여 알을 쪼아댄다. 바로 그 순간 어미닭도 밖에서 알아차리고 껍질을 톡톡 쳐서 껍질 깨기를 도와준다. 알 속 병아리와 어미닭이 일체가 되어 동시에 알을 깨는 과정을 줄탁동시라 한다. (이때 병아리가 3시간 안에 알 밖으로 나오지 못하면 질식하여 죽게 된다고 한다.)

병아리 한 마리가 알에서 나올 때도 이처럼 어미닭과 일심동체가 되어 교감과 소통을 통해 탄생하는 것이다. 하물며 인간이 아이를 낳아 기르는 데 닭만큼도 정성을 들이지 않는다면, 어떻게 장차 이 사회와 세상을 책임질 사람을 길러 낼 수 있겠는가?

하루 동안의 선생님이라도 평생을 부모처럼 모셔야 한다. —**(현문)**

一日爲師 終身爲父 일일위사 종신위부

지혜와 덕망이 깊어 제자에게 존경과 신뢰를 받는 스승을 선지식 善知識이라 한다. 좋은 스승, 즉 선지식은 강을 건너 주는 뱃사공과 같고 낯선 길을 이끌어 주는 길잡이와 같다.

푸른색은 쪽에서 나왔으나 쪽빛보다 더 푸르고,

얼음은 물이 이룬 것이지만 물보다 더 차다. (제자가 스승보다 낫다.)

—**《순자》〈권학편勸學篇〉**

青出於藍 青於藍 氷水爲之而寒於水 청출어람 청어람 빙수위지이한어수

말보다 행동이
앞서야 한다

교육은 말보다 행동으로 모범을 보여야 진정한 가르침이 될 수 있다. 가정에서 부모가 책을 자주 읽으면 아이들도 책을 가까이 하게 되고, 부모가 TV만 보면 애들도 따라서 TV만 본다.

몸소 실행하며 가르치면 누구나 따르지만
말로만 가르치면 시비하고 반발한다. ─《후한서》〈종리송건열전鍾離宋劵列傳〉
以身敎者從 以言敎者訟 이신교자종 이언교자송

이솝우화 **아기 게와 엄마 게**

아기 게와 엄마 게가 해변을 걷고 있었다. 갑자기 엄마 게는 아기 게가 옆으로 걷고 있다는 사실을 깨닫고 "반듯하게 걸어라."라고 말했다. 그러자 아기 게가 대답했다. "엄마가 먼저 똑바로 걸어야 내가 보고 배우죠."

너의 말을 행동으로 증명하라. —세네카

Prove your words by your deeds.

서양 속담에 설교자들은 "'내가 행하는 대로'가 아니라 '내가 말한 대로' 행하라고 한다Preachers say, Do as I say, not as I do."라는 말이 있다. 말과 행동이 다르다면 누가 그 사람을 믿고 따르겠는가?

이솝우화 농부와 여우

사냥꾼을 피해 도망치던 여우가 농부에게 도움을 청했다. 그러자 농부는 창고에 숨으라고 했다. 잠시 후 사냥꾼이 와서 농부에게 여우를 보았느냐고 묻자 농부는 "보지 못했소."라고 말하며 손가락으로는 창고 쪽을 가리켰다. 하지만 손짓을 보지 못한 사냥꾼은 다시 여우를 찾아 떠나갔다.

사냥꾼이 떠나자마자 여우는 재빨리 달아났다. 농부가 그 모습을 보고 큰 소리로 외쳤다. "나한테 고맙다는 인사도 없이 가는 거냐?" 그러자 여우가 대답했다. "나는 당신이 손가락으로 내가 있는 곳을 가리키는 것을 보았어요. 당신은 인사를 받을 자격이 없어요."

_언행이 다른 자는 신뢰받지 못한다.

사회의 지도층들은 더더욱 행동으로 직접 모범을 보여야 한다. 그래야만 아이들, 젊은 세대들이 성장했을 때 우리 사회가 지금보다 정직하고 밝은 사회, 모두가 살기 좋은 나라가 되지 않을까 생각한다.

정직은
귀중한 자산이다

세르반테스[5]는 "정직이 최선의 방책이다Honesty is the best policy."라고
했고, 랠프 왈도 에머슨은 "정직은 가장 확실한 자본이다."라고 했다.

어린이를 정직한 아이로 키우는 것이 바로 교육의 시작이다.

—존 러스킨[6] 〈세월〉

To make your children capable of honesty is the
beginning of education.

네비게이토 선교회의 제리 화이트 박사는 《정직, 도덕, 그리고
양심》이라는 책에서 정직함을 네 가지로 분석했다.

---

[5] 세르반테스Miguel de Cervantes(1547~1616). 스페인의 소설가, 극작가, 시인.
[6] 존 러스킨John Ruskin(1819~1900). 영국의 비평가, 사회사상가. 예술미의 순수감상을 주장하고
"예술의 기초는 민족 및 개인의 성실성과 도의에 있다."고 하는 자신의 미술원리를 구축해 나갔다.

첫째는 일반적인 정직으로, 거짓말을 하지 않는 것이다. 둘째는 법률적 정직으로, 누가 보든 말든 스스로 정해진 법을 잘 지켜나가는 것이다. 셋째는 내면적 정직으로, 자신의 양심에 따라서 스스로를 깨끗하게 지켜 나가는 것이다. 그리고 넷째는 사람의 기준이 아니라 하나님의 시각과 기준으로 정직함을 지켜 나가는 것으로, 유교적인 관점에서 보면 《대학》의 '혈구지도絜矩之道'[7]를 말하는 것이다. 이는 물건을 재는 직각자처럼 반듯하게 한쪽으로 치우치지 않은 인성과 맑은 마음을 잣대로 삼아 타인의 마음을 헤아리는 공정한 기준을 말하는 것이다.

사람이 살아가는 도리는 정직에 있으니
그것을 무시하고 사는 것은 요행히 화를 면하는 삶일 뿐이다. —《장자》
人之生也直 罔之生也 幸而免 인지생야직 망지생야 행이면

탈무드 **정직한 나무꾼**

나무꾼이 어느 날 당나귀 한 마리를 샀다. 냇가로 가서 새로 산 당나귀를 씻기던 중 당나귀 갈기에서 큰 다이아몬드 한 개가 떨어졌다. 나무꾼은 다이아몬드를 장터 상인에게 돌려주었다. 그러자 상인이 말했다. "당신이 산 당나귀에서 나온 건데 굳이 돌려줄 필요가 있나요?" 나무꾼이 정색을 하며 말했다. "나는 당나귀를 산 일은 있어도 다이아몬드를 산 적은 없습니다. 내가 산 물건만 갖는 것이 율법에 맞는 행동입니다."

---

[7] '곱자를 가지고 재는 방법'이라는 뜻으로, 자기의 처지를 미루어 남의 처지를 헤아리는 것을 비유하는 고사성어이다.

탈무드 | 약속

아이에게 무언가 약속하면 반드시 지켜라. 지키지 않으면 당신은 아이에게 거짓말하는 것을 가르치는 것이 된다. 지키지 못할 약속은 하지 말라.

정직만큼 값진 유산은 없다. ─**윌리엄 셰익스피어**[8]

No legacy is so rich as honesty.

공자의 제자 증자의 아내가 어느 날, 시장에 따라오는 아들을 떼어놓기 위해 다녀와서 돼지를 잡아 주겠다고 약속했다. 그런데 집에 돌아와 보니 증자가 정말 돼지를 잡으려고 하는 것이 아닌가. 놀란 아내가 아이를 달래려고 한 말이라며 만류하자, 증자는 "아이에게 거짓말을 해서는 안 되오. 아이들은 순진해서 부모가 속이면 다음에는 부모의 말도 믿지 않는단 말이오."라고 하면서 기어코 돼지를 잡았다.

어린아이에게 실없는 말을 해서는 안 된다. 어린아이는
무지하기 때문에 부모에게 배우고 부모의 가르침을 듣는다. ─《한비자》

嬰兒非與戲也 嬰兒非有知也 영아비여희야 영아비유지야

待父母而學者也 聽父母之教 대부모이학자야 청부모지교

---

[8] 윌리엄 셰익스피어William Shakespeare(1564~1616). 영국이 낳은 세계 최고 시인 겸 극작가. 주요 작품으로 《로미오와 줄리엣》, 《베니스의 상인》, 《햄릿》, 《맥베스》 등이 있다.

진실을 말할 때조차 신뢰를
받지 못하는 것이 거짓말쟁이가 받는 벌이다. —《바빌로니아 율법서》
This is the punishment of a liar: he is not believed,
even when he speaks the truth.

이솝우화 **매를 아끼면 자식을 망친다**

한 소년이 학교에서 친구의 사과를 훔쳐서 집에 가져왔다. 그것을 본 소년의 엄마는 "그냥 사과일 뿐인데 뭐." 하며 대수롭게 여기지 않았다. 그런데 그 다음에는 외투를 훔쳐서 집에 가져왔다. 하지만 이번에도 소년의 엄마는 여전히 벌을 주지 않았다. 그 소년은 커서 비싼 물건을 훔치기 시작했고, 결국 체포되어 공개 처형을 받게 됐다. 젊은이가 처형 당하기 직전 어머니에게 할 말이 있다고 하자, 어머니는 그에게 귀를 갖다댔다. 그러자 젊은이는 어머니의 귀를 물어뜯었다. 어머니가 무슨 짓이냐고 꾸짖자 그가 말하기를, "내가 처음 사과를 훔쳤을 때 나를 이렇게 꾸짖었더라면 이처럼 죽음을 당하지는 않았을 겁니다."라고 말했다. 그제야 어머니는 가슴을 쳤다.

_바늘 도둑이 소도둑 된다.

남이 본다고 해서 믿음과 절조를 지키려 하지 말고
남이 보지 않는 어두운 곳이라 해서 타락한 행동을 하지 말라. —《현문》
不爲昭昭信節 不爲冥冥墮行 불위소소신절 불위명명타행

미소는
친절의 바탕이다

친절은 소극적인 행동이 아니라 긍정적이고 적극적인 행동이다. 친절은 성공의 필수조건이며 미소는 친절의 근본이다. 자신감과 용기가 넘치는 사람의 얼굴에는 늘 미소가 있다.

"어린이에게 미소를 가르쳐라." 니체의 말이다. 도산 안창호 선생도 "화내지 않고 웃으면서 사는 민족이 강한 나라를 만든다."고 했다.

오늘 좋게 웃는 사람은 역시 최후에도 웃을 것이다. —**프리드리히 W. 니체**[9]
He who laughs best today, will also laugh last.

우리는 사람을 대할 때 가장 먼저 상대방의 얼굴 표정을 본다. 첫인상이 얼마나 중요한가? 항상 긍정적인 사고와 매사에 감사하는

---

[9] 프리드리히 W. 니체Friedrich Wilhelm Nietzsche(1844~1900). 독일의 철학자, 시인.

마음을 갖는 것이 미소의 근본이다. 행복의 질량은 미소와 정비례한다는 사실을 알아야 한다. 즐겁기 때문에 웃는 게 아니라 웃기 때문에 즐거워지는 것이다. 웃는 얼굴은 상대를 기분 좋게 할 뿐 아니라 자신의 뇌활동을 촉진시켜 행복 호르몬인 도파민을 증가시킨다고 한다.

친절은 친절 자체의 동기가 될 수 있다.
우리는 친절함으로써 친절한 대접을 받는다. —에릭 호퍼[10] 〈마음의 열정적 상태〉
Kindness can become its own motive.
We are made kind by being kind.

작은 물방울 / 작은 모래알 / 그것이 크나큰 바다를 / 아름다운 나라를 만든다. // 작은 순간들 / 비록 그것이 하찮아도 / 마침내 영원이라고 하는 / 크나큰 시대를 만든다. // 작은 잘못은 / 선행의 길로부터 / 머나먼 죄로 헤매이게 / 영혼을 인도한다. // 작은 친절 / 작은 사랑의 말 / 그것이 지구를 행복하게 / 천국처럼 만든다. —줄리아 카니[11]의 시 〈작은 것들〉

마음이 착하고 친절한 사람이
하나님을 가장 많이 닮은 사람이다. —로버트 번스[12] 〈겨울 밤〉
The heart benevolent and kind the most resembles God.

---

[10] 에릭 호퍼Eric Hoffer(1902~1983). 독일 태생 미국의 철학자, 작가.
[11] 줄리아 카니Julia Carney(1823~1908). 미국의 교육자, 시인.
[12] 로버트 번스Robert Burns(1759~1796). 스코틀랜드 태생 영국의 시인.

칭찬하라, 그러면
칭찬받을 일을 하게 된다

아이의 장점을 항상 칭찬해라. 칭찬은 상대방에 대한 이해의 표시로, 자신감을 불어넣어 주는 작용을 한다. 사람은 누구나 남다른 재능을 가지고 있으므로 누군가를 아무리 칭찬한다 해도 지나치지 않다. 타인 속에 잠재해 있는 좋은 점을 발견해 칭찬해 줄 수 있는 마음을 가져야 한다. 칭찬은 고래도 춤추게 한다는 말이 있듯이 적절한 칭찬 한 마디가 사람들을 긍정적으로 변화시킨다.

> 상대방의 장점은 높이 평가해 주고 단점은 눈감아 주어라. —《삼국지》
> 貴其所長 忘其所短 귀기소장 망기소단

켄 블랜차드의 《칭찬은 고래도 춤추게 한다》라는 책이 있다. 기업의 중역인 주인공 웨스 킹슬리는 회사와 가정에서의 인간관계로 많은 고민을 한다. 그러던 어느 날 출장길에 우연히 씨월드 해양관의 범고래 쇼를 보고 무게 3톤이 넘는 범고래들로 하여금 어떻게 이런 멋진 쇼를 하게 만들었는지 궁금증을 갖게 되었다. 그래서 범고래 조련사에게 그 이유를 묻는데, 다음과 같은 답을 듣게 된다. "인간과 범고래와의 관계는 인간과 인간의 관계와 다르지 않습니다. 멋진 쇼를 하게 만드는 비결은 고래에 대한 긍정적인 관심과 칭찬, 그리고 격려이지요."

<blockquote>
아무리 겸손한 사람이라도

자신에 대한 칭찬을 들으면 즐거워하게 마련이다. —조지 파커

Spite of all modesty, a man must own

a pleasure in the hearing of his praise.
</blockquote>

현대인들은 대부분 격려와 칭찬과 긍정적인 말에 목말라하고 있다. 불평과 원망의 말, 상처 주는 말은 멈추고 좋은 말, 칭찬의 말, 격려의 말, 긍정적인 말을 많이 하도록 하자.

탈무드 **필요한 거짓말은 일종의 칭찬이다**

이런 거짓말은 해도 좋다. 첫째, 누가 이미 물건을 산 후 어떠냐고 물으면 설령 그것이 좋지 않더라도 좋아 보인다고 거짓말을 하라. 둘째, 친구가 결혼을 했을 때는 부인이 미인이며 행복하게 살 거라고 거짓말을 하라.

습관이 쌓여
성품이 된다

습관은 대부분 어린 시절에 형성된다. 이렇게 형성된 습관은 일생 동안 우리의 좋은 친구가 될 수도 있고, 원수가 될 수도 있다. 습관 뒤에는 행동이 놓여 있고 모든 행동 앞에는 어김없이 습관이 놓여 있다. 우리 행동의 9할 이상은 습관의 결과이며, 행동은 성격으로 이어진다. 그리고 성격은 운명으로 끝난다. 이것이 불멸의 자연법칙임을 때때로 기억할 필요가 있다.

습관은 성품을 이룬다. —《서경》

習與性成 습여성성

어린 송아지의 코는 생후 5개월 이전에 뚫어야 한다. 다 자란 다음에 뚫으면 뚫기도 힘들지만 소가 죽을 수도 있다. 세상사 모든 일에는 다 때가 있는 법이다.

나뭇가지는 구부러진 대로 큰 나무로 자란다. —**서양 속담**

(될성부른 나무는 떡잎부터 알아본다.)

As the twig is bent, so grows the tree.

사람의 인성이나 습성은 쉽게 변하지 않는다. 고양이가 강아지 밥을 먹고 강아지하고 논다고 개가 되는 법이 없듯이, 인간의 속성은 쉽게 변하지 않는다.

사람의 성품은 물과 같다. 물이 한번 기울면
돌이킬 수 없듯이 성품이 한번 굽어지면 돌아오지 않는다. —《**명심보감**》
人性如水 水傾不可復 性一從則不可反 인성여수 수경불가복 성일종즉불가반

빗방울이 모여 실개천을 이루고, 개천이 모여 강을 이루고, 강물들이 모여 바다를 이루듯이, 아주 작은 습관이 모여 성격을 형성하고 성격은 곧 운명이 된다. 실천이 오래 쌓인 것이 곧 습관으로, 습관은 결국 그 사람 자신이 된다. 습관은 처음에는 자신이 만들지만 결국에는 습관이 자신을 만든다.

운명에는 우연이 없다.
인간은 어떤 운명을 만나기 전에 스스로 그것을 만든다. —에드워드 윌슨[13]

---

[13] 에드워드 윌슨Edward Osborne Wilson(1929~). 미국의 생물학자.

성공하는 습관을 가져라

성공하는 사람과 실패하는 사람은 생활습관이 다르다. 한 사람의 인생 여정은 습관을 통해서 만들어진다. 멋지고 행복한 인생은 좋은 습관을 통해서 만들어지고, 나태하고 무미건조한 삶은 나쁜 습관에 의해서 만들어진다.

> 출발하게 만드는 힘이 '동기'라면
> 계속 나아가게 만드는 힘은 '습관'이다. —**제임스 라이언**[14]
> Motivation is what gets you started,
> habit is what keeps you going.

학급에서 1등 하는 학생, 15등 안팎 하는 학생, 꼴찌를 하는 학생은 항상 본인들의 순위권에서 크게 벗어나지 않는다. 왜 그럴까?

---

[14] 제임스 라이언James Ryan(1821~1892). 캐나다의 정치인.

그 이유는 학생마다 공부하는 습관의 변화가 없기 때문이다. 같은 공부 습관이 매번 같은 수준의 성적을 내는 것이다. 시험 보기 며칠 전에 벼락공부를 하는 학생, 1주일 전에 하는 학생, 매일 예습 복습을 하는 학생, 각자의 공부 스타일과 습관에 따라 성적이 결정된다. 그러므로 공부 잘하는 학생의 습관을 따라 하다 보면 성적을 향상시킬 수 있다.

습관은 성격을 형성하고, 성격은 운명이다. —조셉 케인즈의 '연설' 중에서
Habit form character and character is destiny.

세상 살아가는 이치도 이와 마찬가지다. 어느 특정 분야에서 우수한 상대를 목표로 삼아 그들의 뛰어난 점을 따라 배우며 부단히 자기 혁신을 추구하면 성공할 수 있다. 자라나는 아이들에게 좋은 습관, 성공한 사람의 습관을 가르치는 것이 교육이다.

습관은 천성보다 강하다. —킨투스 루퍼스 〈알렉산더대왕의 위업〉
Habit is stronger than nature.

습관은 동아줄과도 같다. 한 올 한 올 날마다 엮다 보면 결국 끊지 못하게 된다. 훌륭하고 긍정적이며 생산적인 습관을 형성하도록 항상 자신을 돌아보며 노력해야 한다.

까마귀의 효성을
본받아라
반포지효 反哺之孝

까마귀는 부화한 지 60일 동안은 어미가 새끼에게 먹이를 물어다 주지만 새끼가 다 자란 후에는 반대로 새끼가 어미를 먹여 살린다고 한다. 명나라 말기의 박물학자 이시진李時珍의 《본초강목本草綱目》에 실려 있는 '반포지효'는 까마귀 새끼가 자라서 늙은 어미에게 먹이를 물어다 주는 효孝라는 뜻으로, 자식이 자란 후에 어버이의 은혜를 갚는 효성을 이르는 말이다.

단순히 먹이기만 하고 사랑하는 마음을 갖지 않는 것은
돼지를 기르는 것과 마찬가지다. 또한 사랑하지만 공경하지 않는다면
애완동물을 기르는 것과 마찬가지다. ―〈맹자〉
食而不愛 豕交之也 愛而不敬 獸畜之也 식이불애 시교지야 애이불경 수축지야

중국 진나라 때 이밀李密이 쓴 '진정표陳情表'는 관직을 사양하며 올린 상소문으로 유명하다. 이밀은 무제武帝가 자신에게 높은 관직을 내리지만 할머니를 봉양하기 위해 관직을 사양한다. 무제가 화를 내자 이밀은 "한낱 미물인 까마귀도 반포지효가 있거늘 사람으로 태어나 늙으신 할머니를 끝까지 봉양할 수 있도록 헤아려 주십시오."라고 했다.

처자식을 사랑하는 마음으로 부모를 섬긴다면
그 효도가 극진할 것이다. —《명심보감》〈존심편存心篇〉

以愛妻子之心 事親 則曲盡其孝 이애처자지심 사친 즉곡진기효

반포지효는 옛날 중국의 외딴 시골마을에서 유래되었다. 그 마을의 덕망 있는 할아버지가 우연히 까마귀 둥지에서 이상한 일이 벌어지는 것을 발견했다. 둥지 속에서 늙은 까마귀 두 마리가 죽어가자 까마귀 새끼들이 이들을 살리기 위해서 필사적으로 애를 쓰는 것이었다. 첫째 까마귀는 먼 개울에서 물을 입에 가득 넣어와 어미 까마귀 입에 넣어 주고, 둘째 까마귀는 먹음직스러운 곤충을 잡아와 먹여 주고, 셋째 까마귀는 어미가 가장 좋아하는 개구리를 잡아 왔다. 넷째 까마귀는 물고기를 잡아 먹였고, 다섯째 까마귀는 음식찌꺼기를 주워다 먹였다. 이를 유심히 지켜본 할아버지는 까마귀가 효성이 지극한 새임을 알았다고 한다.

부모의 발자취가
아이들의 이정표가 된다

사람은 주위 환경에 영향을 받으며 성장한다. 가정에서, 학교에서 또 주변 사람들에게서 의식적, 무의식적으로 영향을 받는다. 그러나 그중에서도 어린 시절 가정에서 부모로부터 받는 가정교육이 가장 큰 영향을 준다. 아이들은 부모를 그대로 본받기 때문이다.

> 눈 덮인 들판을 걸어갈 때 갈팡질팡 걷지 말라.
> 오늘 나의 발자취는 후세 사람들의 이정표가 되느니라. — **서산(休靜)대사의 시**
>
> 踏雪野中去 不須胡亂行 답설야중거 불수호난행
>
> 今日我行跡 遂作後人程 금일아행적 수작후인정

오늘 우리가 걸어간 길을 다음 세대들이 따라가게 된다. 윗물이 맑아야 아랫물이 맑듯이 부모나 사회의 어른들이 하는 모습을 다음

세대들이 보고 배우고 따라 하게 된다. 그러므로 어른은 어른답게 지도층은 지도층답게 살아가는 모습을 보여 줘야 한다.

> 내가 어버이에게 효도하면 자식도 따라서 내게 효도한다.
> 자신이 이미 효도하지 않으면 자식이 어찌 효도하겠는가. —《명심보감》
>
> 孝於親 子亦孝之 효어친 자역효지
>
> 身旣不孝 子何孝焉 신기불효 자하효언

부모에게 효도하는 일도 마찬가지다. 여기에 일화 하나를 소개한다. 고급 아파트에 아들, 며느리, 손자와 같이 사는 할아버지가 있었다. 어느 날 저녁 때 집에서 굴비 굽는 냄새가 진동하는데 할아버지 밥상에는 굴비가 보이지 않고 손자에게만 주는 것이 아닌가. 할아버지는 공부하는 손자를 위해 그러려니 하고 넘어갔다. 그런데 저녁 산책을 마치고 돌아와 보니 집에서 또다시 굴비 굽는 냄새가 났다. 이번에는 아들의 퇴근시간에 맞춰 굴비를 굽는 것이었다. 화가 난 할아버지는 그 이튿날 부동산에 집을 내놨다. 놀란 며느리가 연유를 묻자 할아버지는 "나도 집 팔아서 굴비 좀 먹으며 살려고 그런다."라고 대답했다고 한다.

> 부모를 사랑하는 사람은 감히 남에게 나쁜 짓을 못하고,
> 부모를 공경하는 사람은 감히 남을 오만하게 대하지 않는다. —《효경孝經》
>
> 愛親者 不敢惡於人 敬親者 不敢慢於人 애친자 불감악어인 경친자 불감만어인

오늘날 효는 물질로서 봉양함을 말한다. 개와 말도 모두
집에서 먹여 기르니, 공경하지 않으면 무엇으로 구별하겠는가? —**〈논어〉〈위정편〉**

今之孝者 是謂能養 至於犬馬 皆能有養 不敬 何以別乎

금지효자 시위능양 지어견마 개능유양 불경 하이별호

(犬馬之養 견마지양 : 개나 말과 같이 봉양한다.)

고대 그리스의 사상가 이소크라테스가 말하기를, "당신 자식들이
당신에게 해 주기를 바라는 것과 똑같이 당신 부모에게 행하라. 그
리하면 자식들도 똑같이 행할 것이다."라고 하였다.

어린이들의 공경심이 모든 선행의 기초이다. —**키케로**

The dutifulness of children is the foundation of all virtues.

요즘 학부모들을 보면 아이들 사교육비 등을 이유로 연로하신 부
모님을 소홀히 모시는 경우가 있다. 하지만 머지않아 내 아들딸이
성장해 자기 부모가 할머니 할아버지께 한 행동을 그대로 따라 하면
서 어떤 가책도 느끼지 못한다면 어떨까. 내가 솔선수범하는 것이
내 자식들에게 효를 가르치는 지름길이다.

먼저 자기 집에서 효를 행하기를 배우게 하라. —**〈신약성서〉〈디모데전서〉 5:4**

Let them learn first to show piety at home.

백세 장수에
대비하라

인간의 수명은 유전자, 생활환경과 식생활, 긍정적인 생활방식과 인간관계의 만족도, 적절한 운동과 일정한 일을 계속하는 데 달려 있다고 한다. 장수의 가장 큰 적은 스트레스다. 그럼에도 의학의 발달로 100세 장수시대가 열렸다. 하지만 길어진 수명만큼 노후생활에 대한 걱정과 두려움도 커진 게 사실이다. 장수는 물론 축복이다. 그러나 축복된 인생은 누구에게나 그냥 주어지는 것이 아니다. 준비에 따라서 축복이 될 수도, 두려움과 재앙이 될 수도 있다.

곤란에 처하지 않는 것은 미리 방비를 잘하는 데 있다. —《울요자尉繚子》

無困在於豫備 무곤재어예비

내일의 목마름을 위해 오늘 준비하는 것이 절약이다. —〈이솝우화〉 〈개미와 매미〉

It is thrifty no prepare today for the wants of tomorrow.

일본에는 100세를 넘긴 노인이 5만 3천명(2012년 기준)에 이른다고
한다. 102세의 히노하라 시게아키 박사는 매일 환자를 보고, 연 100
회 이상의 전국 순회강연을 다닌다고 한다. 우리나라에도 100세의
현역 CEO, 시인, 화백, 목사 등이 있으며, 침술로 유명한 구당 선생
역시 환자를 돌보고 있다. 즐거운 노년을 보내려면 일을 해야 한다.

노년을 그토록 슬프게 하는 것은 즐거움이 없어지기
때문이 아니라 희망이 없어지기 때문이다. —장 폴[15] 〈타이탄〉

What makes old age so sad is, not that our joys but that our hopes cease.

세계 역사상 수많은 불멸의 작품들은 노년에 성취된 것들이 많다.
노년은 허송세월하는 헛된 인생이 아니라 마지막을 찬란하게 붉게
물들이는 석양과 같이 인생의 값진 최후의 순간이다.

사람은 나이를 먹는 것이 아니라
좋은 포도주처럼 익어 가는 것이다. —스테펜 필립스[16] 〈율리시즈〉

A man not old, but mellow, like good wine.

---

[15] 장 폴Jean Paul(1763~1825). 독일의 소설가.
[16] 스테펜 필립스Stephen Phillips(1864~1915). 영국의 배우, 시인.

고대 그리스의 소포클레스Sophocles(BC 497~BC 406)는 80세에《콜로노스의 오이디푸스》를 썼고, 미켈란젤로Michelangelo(1475~1564)는 로마의 "성聖 베드로 대성전"을 70세에 완성한 뒤, 작품활동을 계속하다 89세에 생을 마쳤다. 괴테Johann Wolfgang von Goethe(1749~1832)는 80세가 지나《파우스트》를, 헨델Georg Friedrich Hendel(1685~1759)은 마지막 오라토리오 〈입다〉를 70세의 나이에 완성했다. 하이든Franz Joseph Haydn(1732~1809)은 〈천지창조〉와 〈사계〉를, 베르디Giuseppe Fortunino Francesco Verdi(1813~1901)는 〈오셀로〉를 모두 70대에 작곡했다.

중국철학의 자존심인《중국철학사》로 유명한 펑유란馮友蘭(1894~1990)은 150만 자에 달하는 총 7권의 대작《중국철학사 신편》을 80대 초부터 구체화하여 94세에 완성하고, 95세에 생을 마쳤다.

인간의 위대하고 영광스러운 걸작은
목적을 향해서 사는 방법을 아는 것이다. —몽테뉴 《수상록》
The great and glorious masterpiece of man is
to know how to live to purpose.

인생의 완숙한 100세 시대를 향해서 70대 이후 노년을 행복하게 즐기기 위해서는 젊은 시절부터 노후에 대한 구체적인 계획과 준비가 필요하다. 자신의 처지에 맞는 최소한의 경제적 자립을 준비해야 한다.

젊을 때에는 노년을 위해서 저축하고,

늙으면 죽음을 위해서 저축한다. **—장 드 라브뤼예르**[17] 〈인간백태人間百態〉

When we are young we lay up for old age;

when we are old we save for death.

　노년은 반드시 부자들만 준비할 수 있는 것이 아니다. 저마다 자신에게 맞는 일을 찾아 하면서 행복한 노후를 누릴 수 있다. 시골에 낙향하여 맑은 공기와 깨끗한 물, 투명한 햇살을 즐기며 텃밭에 유기농 채소를 기르는 사람은 자연과 더불어 건강하고 행복한 노후를 보낼 수 있다. 특수작물을 재배하거나 기타 건강 관련 가내공업 등을 시작해 활기찬 노후를 즐길 수 있다.

어리석은 사람은 멀리서 행복을 찾고,

현명한 사람은 자신의 발치에서 행복을 키운다. **—제임스 오펜하임**[18] 〈현인〉

The foolish man seeks happiness in the distance;

the wise grows it under his feet.

---

[17]장 드 라브뤼예르Jean de La Bruyère(1645~1696). 17세기 프랑스의 모랄리스트. 저서에 《사람은 가지가지》, 《정숙주의에 관한 대화》가 있다.
[18]제임스 오펜하임James Oppenheim(1882~1932). 미국의 시인.

세상을 움직이는
유대인의 교육 비결

한국인의 교육열은 대단하다. 해외에서도 한국인들이 모여 사는 곳은
거의 예외없이 '좋은 학군'으로 보면 틀림없다. 그러나 그런 한국인들의 교육열을
무색하게 만드는 사람들이 바로 유대인들이다. 한국 교포들이 교육을 위해
좋은 곳을 물색하면 십중팔구 그곳은 유대인 동네라고 한다.

세계를 움직이는
유대인들

전 세계 인구 71억의 0.2%에 불과한 약 1,400~1,500만 명의 유대인들은 탁월한 지적 능력과 더불어 세계 경제를 좌지우지하는 막강한 민족으로 알려져 있다. 5천 년 넘게 나라도 없이 유랑민족으로 많은 탄압을 받아 왔음에도 미국의 중심에서 전 세계를 움직이는 그 힘의 원천은 과연 무엇일까? 그것은 남다른 교육에 의해 형성된 근검절약하는 정신과 결속력에 있다고 하겠다.

1. 유대인의 성공신화

노벨상 수상자 중 약 30%, 억만장자의 30%가 유대인이다. 현대과학의 거장 아인슈타인, 에디슨, 정신분석학자 프로이트, 마르크스 그리고 세계평화를 이끈 헨리 키신저 등은 모두 유대인이다.

경제학의 창시자인 《국부론》의 애덤 스미스, 경제학을 과학화시킨 데이비드 리카도, 석유왕 록펠러, 전 미국 연방제도위원회 의장 앨런 그린스펀, 폴 크루그먼 교수 등과 기업인 워렌 버핏, 마이크로 소프트의 창시자 빌 게이츠, 20세기 최고의 펀드매니저 조지 소로스, 부자의 대명사로 불리는 로스차일드 등 세계적인 경제학자나 갑부들은 거의가 유대인이다. 그 외에 세계적인 금융기업 골드만삭스, 론스타 등도 유대인 기업이다.

이외에 유대인이 소유하고 있는 업체 및 브랜드를 소개하면 다음과 같다.

대형 부동산 뉴욕 맨해튼에 있는 대형 건물의 80%

식량회사 세계 5대 메이저 식량회사 중 3개

석유회사 7대 메이저 석유회사 중 6개

신문사 뉴욕타임즈, 워싱턴포스트, 월스트리트저널

방송사 ABC, NBC, CBS, BBC, CNN

통신사 AP, UPI, AFP, 로이터 등

영화사 할리우드 영화계의 스티븐 스필버그 감독, 파라마운트, 20세기 폭스, 워너브라더스, 컬럼비아, 유니버설, 타임워너 등

세계적인 브랜드 프랜차이즈점 맥도날드, 스타벅스, 던킨도너츠, 베스킨라빈스, 하겐다즈 등과 유명 헤어디자이너 비달사순

패션브랜드 랄프로렌, 리바이스, DKNY, GAP, GUESS, 캘빈클라인, 토미 힐피거, 아버크롬비&피치, 빅토리아 시크릿, 앤클라인, 나인웨스트

IT업계 맨손으로 시작해 인텔을 성장시킨 앤드루 그로브, 30대에 억만 장자가 된 델컴퓨터의 마이클 델, 마이크로소프트를 공동 창업한 스티브 발머와 빌 게이츠, 오라클을 탄생시킨 래리 엘리슨 회장, 페이스북을 창업한 마크 주커버그.

의학 분야 소아마비백신, 페니실린, 혈액형 구분법, 스트렙토마이신, 박테리아 증식 등을 발견한 의학자가 모두 유대인들이며 이 백신으로 수많은 목숨을 살렸다.

2. 유대인의 성공비법은 독특한 교육에 있다

유대민족은 이스라엘이 건국되기 전까지 나라가 없는 유랑민족이었다. 적자생존할 수 있는 유일한 길은 인적자원밖에 없었기에 더욱 자녀교육에 치중하여 우수한 인재를 길러냈다.

교육의 근본은 쓰지만 그 열매는 달다. —**아리스토텔레스**

The roots of education are bitter, but the fruit is sweet.

미국의 대부분의 유대인 학생들은 방과 후 예시바Yeshiva라는 유대인 민족학교에서 성경과 유대인의 역사와 사회봉사, 탈무드 등을 배운다. 동시에 두 개의 학교를 다니는 것이다.

유대인들은 중등교육까지는 무상으로 인성교육과 유대교의 문화적 가치와 과학적 업적, 민족적 자긍심과 애국애족정신 등을 배양하고, 봉사정신, 국가발전과 개척정신 함양은 물론 자유와 정의, 상호 협조와 인류애를 바탕으로 한 사회건설 등에 교육의 근본목적을 두고 있다. 이와 더불어 특별한 경제교육과 자선활동 등을 가르치는데, 유대인들의 자선활동은 선택이 아니라 의무이다. 유대인들은 다른 무엇보다 교육을 인간의 가장 중요한 의무로 여기고 중시한다.

> 교육이 어느 방향으로 출발하느냐에 따라
> 그 사람의 장래가 결정된다. —플라톤 《국가론》
> The direction in which education starts
> a man will determine his future life.

그래서 유대인 중 가장 지적인 사람이 사명감을 가지고 유대인 사회를 이끄는 랍비(교사)가 된다. 이러한 환경이 교육을 중요시하는 유대인들의 가장 강력한 힘이 되고 있다. 탈무드에서는 아버지와 랍비(교사)가 동시에 감옥에 갇힌다면 랍비를 구한다. 유대인 사회에서는 지식의 전달이 무엇보다 중요하기 때문이다. 유대인 가정에서는 아버지가 자녀들에게 '탈무드' 율법교육에 의한 생활습관, 단결력, 협동정신 등을 유아 때부터 기본 교육으로 가르친다.

> 아침이 그날을 알려주듯
> 어린 시절이 그 사람의 성년이 된 모습을 알려준다. —존 밀턴 《복낙원(復樂園)》
> The childhood shows the man, As morning shows the day.

3. 유대인의 자녀교육방법

유대인의 자녀교육은 가정에서 시작된다

첫째, 가족이 한자리에 모이는 식사 시간이 어린이 교육의 기회다.

둘째, 어린이들에게 봉사활동을 통하여 사회에 눈을 뜨게 한다.

셋째, 친절이 인생 처세에 최고의 지혜임을 가르친다.

넷째, 자녀들에게 항상 유대민족의 전통과 긍지를 심어 준다.

유대인 어린이 교육의 열 가지 비결

첫째, 남보다 뛰어나게가 아니라 남과 다르게를 강조한다.

둘째, 물고기를 주는 대신 물고기를 잡는 법을 가르친다.

셋째, 두뇌를 비교하지 말고 개성을 비교하라.

넷째, 외국어는 어릴 때부터 습관화시켜라.

다섯째, 꾸짖을 때는 기준이 분명해야 한다.

여섯째, 잠들기 전에 책을 읽어 주거나 얘기를 들려 준다.

일곱째, 평생 가르치려면 어릴 때 마음껏 놀게 하라.

여덟째, 어떤 일을 제한된 시간 내에 마치는 습관을 길러 준다.

아홉째, 생각을 유도하기 위해 계속 질문하라.

열째, 체벌 대신 반성의 시간을 갖도록 한다.

어린이는 교육을 받아야 하지만,

또한 스스로 깨우치게 해야 한다. —**어니스트 딤네 《사고법》**

Children have to be educated,

but they have also to be left to educate themselves.

아이들의 호기심을 살려 준다

유대인 부모들은 새로운 것을 알고 싶어하는 호기심이 많은 아이들에게 그들이 직접 배우고 익힐 수 있도록 이끌어 준다. 아이들이 원하는 것을 배워 자신의 소질을 발견하고 개발하는 과정을 믿음으로 이해하고 지켜봐 줌으로써 의욕을 북돋아 준다.

원인과 결과를 파악하게 한다

자녀들에 대한 교육은 세뇌식·주입식이 아니라, 호기심과 비판적 시각을 가지고 끊임없이 문답식으로 토론하여 그 논리를 끝까지 파고들게 만드는 토론 위주의 교육을 기본으로 한다. '넌 왜 정치를 하려고 하니, 넌 왜 성공하려고 하니, 넌 왜 그러한 행동을 했니?'와 같은 질문을 던지고 대답하게 하는 동기부여의 교육이 핵심이라 할 수 있다.

공교육은 물론이고 교육의 모든 과정이 대학입시를 위한 사전단계로 전락하고 있는 대한민국의 교육 현실에서 유대인들의 교육방법은 여러 가지 과제를 던져 준다. 세계를 움직이는 유대인들을 극복하기 위해서는 유대인들의 교육방법을 깊이 새겨 보아야 할 것이다.

조기교육이 일종의 즐거움이 되게 하라. 그리하면
타고난 적성을 더 잘 발굴해 낼 수 있을 것이다. —플라톤 《국가론》
Let early education be a sort of amusement;
you will then be better able to find out the natural bent.

부모가 아이들에게 모범을 보인다

부모가 먼저 책 읽는 모습을 보여 주고 아이들을 자연스럽게 독서로
이끈다. 보다 나은 사람이 되고자 늘 노력하는 모습을 아이들에게
보여 주고자 한다. 부모가 행복하지 않고는 자녀가 행복하기를 바랄
수 없고, 부모가 옳은 길을 가지 않으면서 자녀에게 옳은 길을 가라
고 가르칠 수 없기 때문이다.

신은 도처에 가서 있을 수가 없기 때문에 어머니들을 만들었다. —《탈무드》
God could not be everywhere and therefore be made mothers.

결론적으로 유대인의 교육은 어머니들이 담당하는 가정교육에 그 기반
을 두고 있는 데 반하여, 한국의 학교교육은 일류대학 진학을 위한 주입식
교육에 중점을 두고 있다는 데 문제가 있다. 오늘날 유대인의 교육은 세계
적인 인재를 배출하고 있으나, 한국의 교육은 편협한 고학력 지식인만 양
성하고 있음을 간과해서는 안 될 것이다.

세계에서 가장 두뇌가 우수한 민족이 유대민족과 한민족이라고 한다.

그런데 우리는 그 우수성을 제대로 발현하지 못하고 있다. 무엇이 문제인가? 인성교육과 민족적 자긍심, 국민이 하나 되는 국민적 결속력에 대한 교육의 부재가 문제이다.

4. 유대인 부모들의 자식에 대한 평생 무한 책임

유년시절부터 학교를 졸업하고 결혼한 후에도 평생에 보탬이 되는 '지혜'와 '지식'을 심어 주고 바른 '인성'과 '심성'을 키워 주려 최선을 다한다. 또한 부모는 자녀에게 무조건 주기만 할 뿐, 바라지 않는다. 좋은 대학, 좋은 회사에 들어가 부모에게 보답하기를 바라는 대신, 무슨 일이든 자녀가 자신의 개성을 살려 스스로 만족스러운 삶을 살 수 있도록 돕는다.

어머니의 마음은 자식의 공부방이다. —헨리 워드 비처

Mother's heart is the child's schoolroom.

이러한 유대인 부모들의 특별하고 남다른 철학이 아이의 개성과 재능을 살리고 인성과 심성을 바르게 키우는 유대인 자녀 교육법의 키워드이자 핵심이다.

그들은 특히 유대인의 근본정신인 ① 근면과 검소, ② 가족 간의 사랑과 헌신, ③ 왕성한 호기심과 독서, ④ 자녀에 대한 존중, ⑤ 나눔과 봉사의 삶, ⑥ 사회적 책임과 의무 등을 가르치고 강조한다.

5. 유대인의 성인식은 경제적 자립의 출발이다

유대인들은 자녀의 13세 생일날 성대한 '성인식'을 거행한다. 이 성인식은 결혼식과 함께 평생 가장 중요한 날로서 일가친지와 친구들을 포함해 많은 사람들이 모여 부조금을 내고 축하를 해 준다.

이날 들어오는 돈은 모두 주인공의 몫이다. 중산층이 성인식을 한 번 하면 약 5~6만 달러의 큰 돈이 모이는데, 이 돈은 성인식의 주인공인 자녀가 20대 초반에 대학을 졸업하고 사회생활을 시작할 때쯤이면 적어도 두 배 이상 불어난다. 우리나라 돈으로 약 1억 원 안팎의 자금을 가지고 사회생활을 시작하는 것이기 때문에 출발이 남다르다고 할 수 있다. 이렇게 이들은 경제에 대한 뛰어난 감각과 그들끼리 똘똘 뭉친 유대감으로 세계 경제의 주도권을 쥐게 되는 것이다.

유대인의 경우 자식이 아이를 낳으면 집안의 가장 큰 어른이 그 아이를 위해서 적금을 들어 준다고 한다. 이는 그 어떤 나라에서도 찾아보기 힘든 일로, 그 아이가 성인이 되었을 때를 생각해 보면 엄청난 차이가 날 것은 너무나 당연하다. 빈손이 아닌 기본적인 경제적 뒷받침이 생기는 것이다. 자기의 뜻을 펼칠 밑천이 되는 것이다.

한 알의 도토리가 훗날 큰 참나무가 된다. —리처드 코베트
An acorn one day proves an oak.

논어論語　유교 경전인 사서四書의 하나. 공자와 그의 제자들의 언행을 적은 것으로, 공자 사상의 중심이 되는 효제孝悌와 충서忠恕 및 '인仁'의 도道에 대하여 설명하고 있다. 7권 20편.

맹자孟子　유교 경전인 사서四書의 하나. 맹자와 그 제자들의 대화 등을 기술한 것으로, 〈양혜왕梁惠王〉, 〈공손추公孫丑〉, 〈등문공滕文公〉, 〈이루離婁〉, 〈만장萬章〉, 〈고자告子〉, 〈진심盡心〉의 7편으로 분류하였다. 14권 7책.

중용中庸　유교 경전인 사서四書의 하나. 공자의 손자인 자사子思가 지은 것으로 중용의 덕과 인간의 본성인 성性에 대하여 설명하였다. 본디 《예기》 가운데 한 편이었으나, 유송劉宋의 대옹戴顒이 빼내어 별책으로 하였고, 정자程子가 사서에 편입하였으며, 주자朱子가 장구章句를 만들어 성행하게 되었다. 1권.

대학大學　유교 경전인 사서四書의 하나. 공자의 유서遺書라는 설과 자사 또는 증자의 저서라는 설이 있다. 본디 《예기》의 한 편이었던 것을 송의 사마광이 처음으로 따로 떼어서 《대학광의大學廣義》를 만들고, 그 후 주자朱子의 교정으로 현재의 형태가 되었다.

서경書經　유학 오경五經의 하나. 공자가 요임금과 순임금 때부터 주나라에 이르기까지의 정사政事에 관한 문서를 수집하여 편찬한 책이다. 중국에서 가장 오래된 경전이다. 20권 58편.

효경孝經　공자가 제자인 증자曾子에게 전한 효도에 관한 논설 내용을 기록한
책. 유교 경전의 하나이다.

노자도덕경老子道德經　중국의 도가서. 전국시대 도가의 언설을 모아 한나라
초기에 편찬한 것으로 추측된다. 내용은 우주 간에 존재하는 일종의 이법理法을
도道라 하며, 무위無爲의 치治, 무위의 처세훈處世訓을 서술하였다.

장자莊子　중국 전국시대 때 장자가 지은 사상서. 중국의 철학과 선종의 발전
에 큰 영향을 미쳤다. 인간 지혜의 한계를 말하고, 모든 것을 있는 그대로 받아
들이는 데 참된 자유가 있다고 설명한다. 10권 33편.

묵자墨子　묵자의 사상서. 인간 집단의 전체적 번영인 '이利'에 주목하고 그것
을 달성하는 강제적 연대와 공동의 겸애를 주장하였다. 침략주의를 배격하고
다스리는 자의 사치를 추방하고자 하였다. 묵자의 주장을 비롯하여 후기 묵가
의 논리학적 사유思惟와 수성법守城法이 실려 있다.

순자荀子　중국 전국시대의 유학자인 순자가 지은 사상서. 예禮와 의義를 외재
적인 규정이라 하고, 그것에 의한 인간 규제를 중시하는 예치주의를 강조하며
성악설을 주창하였다. 후에 한비자 등이 계승하여 법가法家사상을 낳았다. 20권.

한서漢書　중국 전한前漢의 역사서. 이십오사二十五史의 하나로, 고조에서 왕망
까지 229년간의 역사를 기록하였으며, 반표班彪가 시작한 것을 후한의 반고가
대성하고 누이동생 반소가 보수하였다. 기전체로 제기帝紀 12권, 표表 8권, 지志
10권, 열전列傳 70권으로 되어 있다.

한비자韓非子   중국 춘추시대 말기 한나라의 공자公子로 법치주의法治主義를 주창한 한비韓非(BC 280?~BC 233)가 지은 책. 형벌의 이름과 방법을 논하였다. 55편 20책.

설원說苑   중국 한나라 때 유향이 편찬한 교훈적인 설화집. 군도君道, 신술臣術, 건본建本, 입절立節, 귀덕貴德, 부은復恩 등의 20편으로 고대의 제후나 선현들의 행적과 일화를 수록하였다. 20권.

전국책戰國策   중국 한나라의 유향劉向이, 전국시대에 종횡가縱橫家가 제후諸侯에게 논한 책략을 나라별로 모아 엮은 책이다. 주나라의 안왕에서 진나라의 시황제까지의 250년 동안의 소진蘇秦, 장의張儀 등의 변설辯說과 책략을 동주東周, 서주西周, 진秦 등 12개국으로 나누어 엮었다. 33권.

사기史記   중국 한나라의 사마천이 상고上古의 황제로부터 전한前漢 무제까지의 역대 왕조의 사적을 엮은 역사책. 중국 이십오사의 하나로, 중국 정사正史와 기전체의 효시이며, 사서史書로서 높이 평가될 뿐만 아니라 문학적인 가치도 높다. 130권.

회남자淮南子   중국 전한의 회남왕인 유안이 편찬한 철학서로, 형이상학, 우주론, 국가정치, 행위규범 등의 내용을 담고 있다. 원명은 《회남홍렬淮南鴻烈》이며, 현재는 21권만 전한다.

명심보감明心寶鑑   조선 시대 때 어린이들의 인격 수양을 위한 한문 교양서. 고려 충렬왕 때 명신名臣 추적秋適이 중국 고전에서 보배로운 말이나 글 163항목을 가려서, 계선繼善·천명天命·권학勸學·치가治家 등의 24부문으로 나누어 편집 하였다.

현문賢問　현재 중국과 대만에서 우리의 명심보감과 같이 처세서로 널리 읽히고 읽는 책이다.

후한서後漢書　중국 남북조시대에 송나라의 범엽范曄이 펴낸 후한의 정사正史. 중국 이십오사의 하나로, 기전체로 쓰여 있고 본기本紀 10권, 열전列傳 80권, 지志 30권으로 되어 있다. 양나라의 유소劉昭가 보충하였고, 지志는 진나라의 사마표司馬彪가 지었다. 120권.

춘추좌씨전春秋左氏傳　중국 춘추시대 노나라의 좌구명左丘明이 공자가 저술한 《춘추》를 간단명료하게 누구나 이해할 수 있도록 구체적 사실과 역사적 배경, 사건의 전말을 실어 엮은 책이다.

주자어류朱子語類　중국 남송의 주자학자 여정덕黎靖德이 펴낸 유가서. 주자와 그 문인門人 사이의 문답을 집대성한 것이다. 140권.

여씨춘추呂氏春秋　중국 진나라의 여불위가 학자들에게 편찬하게 한 사론서史論書. 유가를 주로 하고 도가와 묵가의 설도 다루었다. 20권.

울요자尉繚子　중국 전국시대에 울요尉繚에 의해 쓰여졌다고 여겨지는 병법서. 무경칠서武經七書의 하나이다.